STEFAN HUNSTEIN

STEFAN HUNSTEIN

„SCHÖN WAR'S!“

Aus den frühen Jahren der Republik
The Early Years of the Republic

Herausgegeben von . Edited by
Petra Giloy-Hirtz

HATJE CANTZ

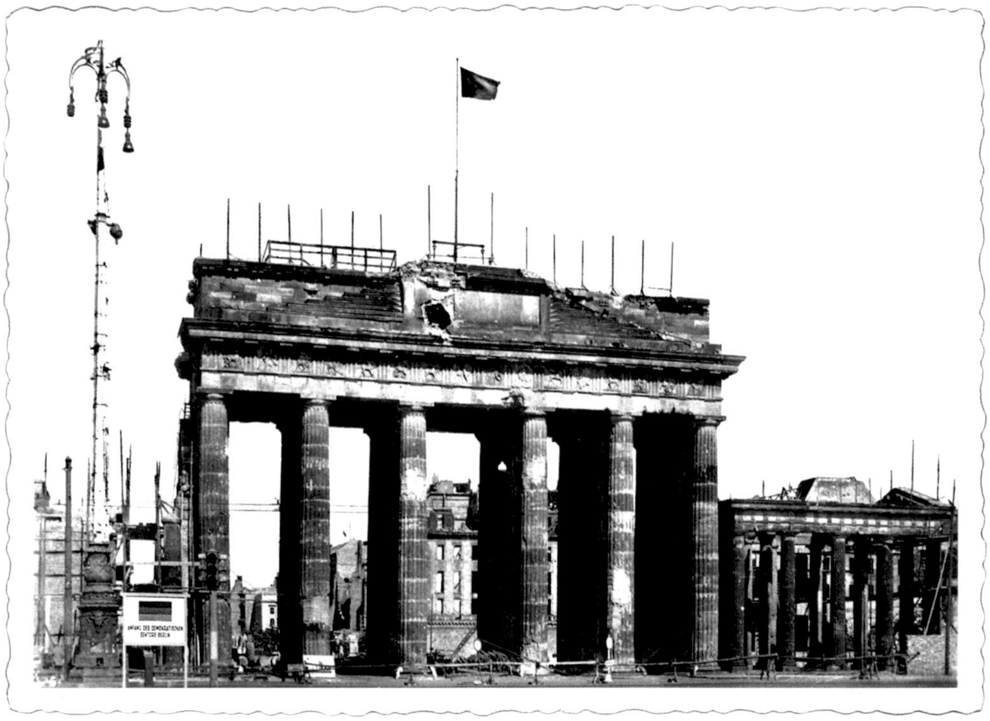

Ich betrachte Sprache und Fotografien als Fundstücke, in die ich mich wie ein Archäologe versenken kann, ich kann Teile untersuchen, Strukturen herauslesen, Eigenarten im Gebrauch entdecken, nach Gründen schürfen. Fotografien und Sprache sind der Nachlass, unser kulturelles Erbe, bilden die Welt, in die wir hineingeboren werden. Wir müssen sie zu lesen verstehen, sie entschlüsseln, wenn wir uns in ihr orientieren wollen.

For me, language and photographs are found objects in which I can immerse myself like an archaeologist. I can examine their parts, identify their structures, discover peculiarities in how they are used, scrape away at the surface to see what is underneath. Photographs and language are our legacy, our cultural heritage; they form the world into which we were born. If we want to be guided by them, then we must learn how to read them, how to decode them.

Stefan Hunstein

STEFAN HUNSTEIN

„SCHÖN WAR'S!"

Aus den frühen Jahren der Republik

Öffentliche Selbstwahrnehmung und private Erinnerung

Optimistisch und selbstbewusst erzählen die in diesem Buch versammelten Bilder vom neuen Leben. Vom Leben nach dem Schrecken des Krieges, nach Verbrechen und Zerstörung. Aufbruch ist ihr Thema und Aufstieg, Fortschritt, Stolz über das Erreichte, verheißungsvoll der Blick in die Zukunft.
„Schön war's!", so scheint jemand zu rufen, denn schön musste sie werden, die neue Zeit, und alle sollten es sehen. Das kleine Glück der Doppelhaushälfte, die Ferien im Harz und an der Ostsee, Campingplatz und Kurpark, Freizeit, der Luxus des Swimmingpools. Überall Zeichen des Wohlstands. Konsum: volle Auslagen, Selbstbedienung. Mobilität: Auto und Motorroller. Modernität: Architektur und Inneneinrichtung. Das deutsche Wirtschaftswunder: aufgebaute Städte, Hochhäuser, Straßen, Brücken, Schulen, Schwimmbäder, blühende Rabatten.
Diese Bilder sind historische Dokumente und Kunstwerke zugleich. Zeitdokumente, weil sie Ansichtskarten der fünfziger und frühen sechziger Jahre entnommen sind, und Kunstwerke, weil Stefan Hunstein sie ausgewählt und zu einem Ensemble gefügt, sie bearbeitet, neu komponiert, verdichtet und verfremdet hat. Sie überliefern das Lebensgefühl, die Wertvorstellungen und Wunschbilder, die Träume und Sehnsüchte einer aus den Trümmern erstandenen Gesellschaft. Dem Betrachter der Gegenwart entlocken sie Emotion und Erinnerung, Wiedererwachen der Kindheit, Erkennen überlieferter Erfahrung, eigene Geschichten im Kopf.
Stefan Hunstein arbeitet häufig mit historischen Fotografien, er sucht in Archiven, auf Flohmärkten und Messen, bei Nachlassversteigerungen und Haushaltsauflösungen. Mit der Besessenheit des Sammlers recherchiert er und stöbert sie auf, geduldig über Jahre, „immer auf der Suche nach dem ultimativen Bild".[1] Ein riesiges Archiv hat er so zusammengetragen, aus dem er für seine künstlerische Arbeit schöpft. Durch die Wahl aus der Fülle und die Art der Bearbeitung transformiert er das geschichtliche Zeugnis in ein zeitgenössisches Kunstwerk. Das Bild fotografiert er ab, verändert – mit Respekt für die Vorlage – die Komposition durch Perspektivenwechsel, Vergrößerung oder Beschränkung auf einen Ausschnitt. Reduktion und formale Vereinheitlichung – etwa durch das Hinauskatapultieren des Himmels oder die Verwandlung ins Hochformat – schaffen eine in sich geschlossene Serie. Die ursprüngliche Kolorierung wird deutlich sichtbar: Eine „angemalte"

Welt präsentiert sich da, durch die bunten Farben ins Heitere gewendet, von Tristesse keine Spur, eine intakte Welt, deren Trauma dem Blick verborgen ist. Aus der so bearbeiteten Ansichtskarte wird ein großes Bild (120 × 85 cm, als C-Print hinter einer Glaskaschierung), das nicht nur wegen seiner Dimension, sondern auch aufgrund seines malerischen Charakters wie ein Tafelbild wirkt. In kleinerem Format (29,7 × 42 cm, als Digitalprint auf Hahnemühle-Papier) fügen sich die Arbeiten zu einem Tableau, das sich, auf der Wand installiert, wie eine Summa öffentlicher Selbstwahrnehmung in den frühen Jahren der Bundesrepublik Deutschland ausnimmt, ein Panorama der Sehnsucht.

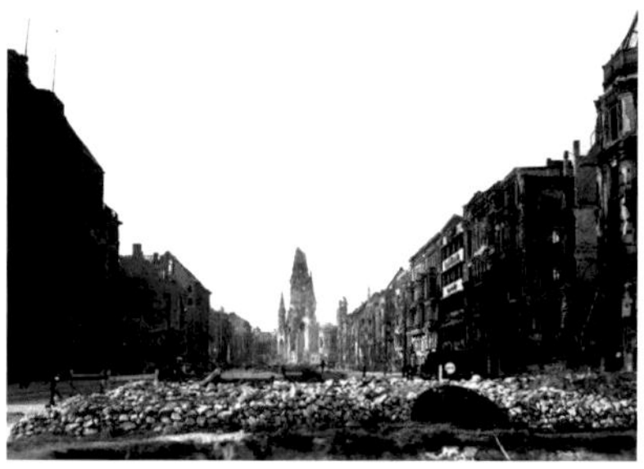

Berlin 1945

Die Lage des Landes

„Ich betrachte eine Fotografie und schaue gleichzeitig wie durch ein Fenster in eine andere Zeit hinein, und das Gewesene wird anwesend, die Vergangenheit bekommt Präsenz.“[2] Die bearbeiteten Bilder transportieren Eindrücke einer unwiederbringlich verlorenen Phase der deutschen Geschichte in die Gegenwart, jene patriarchalische Adenauer-Zeit und die Kanzlerschaft Ludwig Erhards mit ihrem Aufbaueifer, ihrer Tüchtigkeit, dem Wohlstandsbehagen und „Optimismus in kleinen Dingen und auf kurze Distanzen“ (Rüdiger Safranski). Da zeigt sich die muntere Geschäftigkeit der prosperierenden Bundesrepublik. Und kaum könnten die Unterschiede zu den Ansichten der zerstörten Städte größer sein – Berlin, Frankfurt, Dresden oder Köln – ein paar Jahre nur zuvor.
Der Faschismus ist beendet. Und auch die Nachkriegsjahre sind vorbei, als das zertrümmerte Deutschland ein politisches und wirtschaftliches Chaos war, als jeder ums Überleben kämpfte und Hunger, Wohnungsnot, Krankheiten und die Suche nach Familienangehörigen das Schicksal fast aller bestimmten. Die wirtschaftliche Lage: 1951/52 hat die Stagnation ein Ende, und der mit amerikanischer Unterstützung geförderte kapitalistische Restaurationsprozess Westdeutschlands trägt Früchte. Mit Tempo setzt eine lange Aufschwungphase ein: Vollbeschäftigung, mehr Einkommen, mehr Konsum: Fernsehen, Kühlschrank, Waschmaschine, Massenmotorisierung, Fußgängerzone, Fünf-Tage-Woche, drei Wochen Jahresurlaub, Freizeit, Ferien – „Wohlstand für alle“,

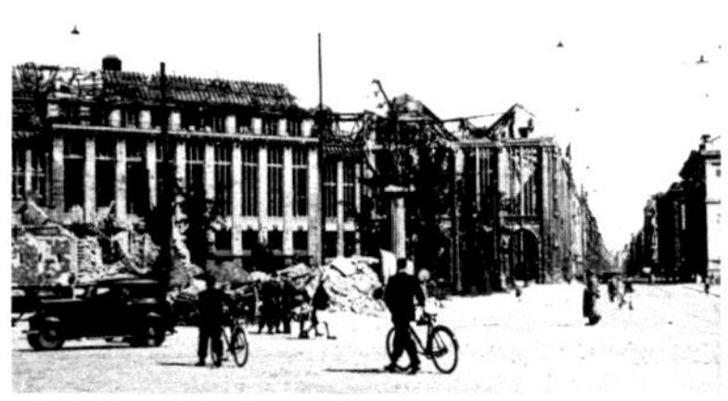

Berlin, Leipziger Platz mit Kaufhaus Wertheim

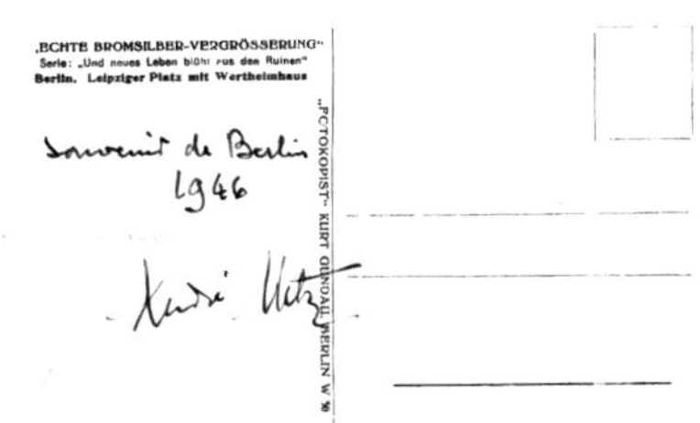

Rückseite

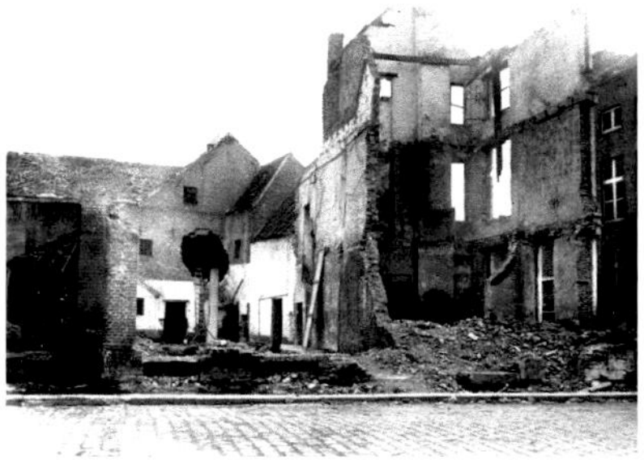

Zerstörtes Haus

Glück der „nivellierten Mittelstandsgesellschaft" (Helmut Schelsky). Die traumatischen Ereignisse sind verdrängt – auch wenn der Antisemitismus sich wieder rührt und die Eingliederung der nationalsozialistischen Elite zügig vorangetrieben wird. Die Bilder jener Tage zeigen eine heile Welt. Vergangenheit und zeitgenössische Kulturkritik („kapitalistische Entfremdung") sind ausgeblendet, und wenn sie ins Bild rücken, wie mit der Todesgrenze (S. 43), dann verharmlost im Idyll. Ein Bild der geteilten Stadt Berlin – der Grenzübergang Heinrich-Heine-Straße (S. 41) – ist eine Ausnahme, wie der Hinweis auf die Vertriebenen (Siedlung in St. Andreasberg, S. 91). Nur fünf Bilder beruhen auf Postkarten aus dem Osten Deutschlands. In ihrer Intention unterscheiden sie sich nicht: das neue Auto und die neue Architektur, in Zweibrücken (S. 92) wie in Frankfurt an der Oder (S. 93), ein gemeinsames Ideal. Andere Ansichten, die Stefan Hunstein finden konnte, erschienen ihm nicht geeignet mit ihrem Schwarz-Weiß-Druck, in ihrer Tristesse und dem Fehlen narrativer Elemente.

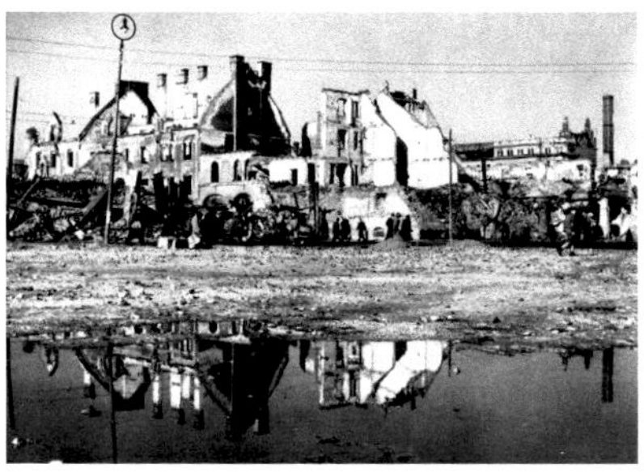

Zerstörtes München 1945: Sonnenstraße

Arbeit an der deutschen Geschichte

Stefan Hunstein, geboren Ende der fünfziger Jahre in Kassel, hat sich immer wieder mit der deutschen Geschichte des 20. Jahrhunderts beschäftigt. In vielen seiner Arbeiten, die in bedeutenden Museen ausgestellt wurden – wie im Fotomuseum München, in der Städtischen Galerie im Lenbachhaus, München, in der Neuen Galerie Kassel, im Diözesanmuseum Freising oder in der Hamburger Kunsthalle –, geht es um Erinnerung und kollektives Gedächtnis, um Mentalität und Mythenbildung, Verdrängung und Manipulation.
Die Zeit des Nationalsozialismus ist zentrales Thema seines Œuvre, ausgelöst durch den „Schock" der Lektüre der Autobiografie von Rudolf Höß, dem Kommandanten von Auschwitz. „Zwei unterschiedliche Beschäftigungen sind daraus entstanden: eine künstlerische Arbeit, die sich mit dem Medium Fotografie befasst, und eine, die sich mit der Sprache, mit Geschichten aus der Geschichte auseinandersetzt."[3]
Stefan Hunstein nutzt Sprache und Bild als Medium von Erkenntnis, Aufklärung und Erziehung. Er untersucht Texte, die etwas über die Innenwelten jener Menschen erzählen, die in die Nazizeit verstrickt waren, sei es als Täter oder als Opfer – *Die Sprache bringt es an den Tag* –, und er will „mithilfe der Fotografie etwas über diese Zeit herausbekommen".[4] Er verbindet beides, wenn er in einem von ihm geschaffenen Raum der Bilder sitzt, „der eine Fülle der Zeiten darstellt, in dem alle Leiden und Handlungen unablässig kreisen", und liest, liest, auf dass die Sprache das Bild erhelle und das Bild die Sprache dem Verstehen öffne – wie in der Installation *Die Herrschaft des Apparates – Für eine Philosophie der Fotografie* im Kunstverein München 1994/95.
Alle Gattungen des visuellen Mediums bietet er auf für sein Epochenbild: Reportage-, Porträt-, Kunst- und Werbefotografie, private Fotos und inszenierte „öffentliche" Bilder. So sind seine Arbeiten im Nachdenken über Geschichte zugleich eine Reflexion über Fotografie als historische Quelle.

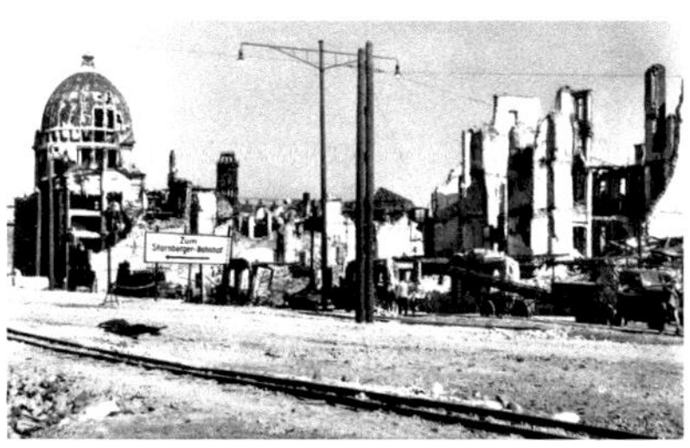

Zerstörtes München 1945: Starnberger Bahnhof

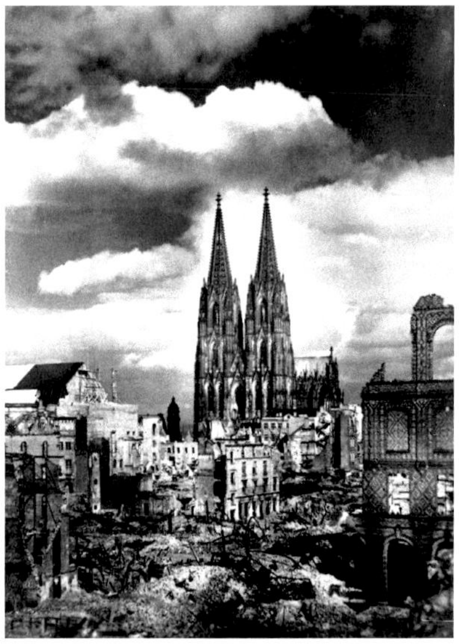

Kölner Dom im Trümmerfeld

Mit 20.000 Fotografien auf einer Wand von über 2,50 m Höhe und 88 m Länge (!), ins scheinbar Unendliche überführt durch zwei große Spiegel an den Stirnseiten, entfaltet cr sein *Panorama des 20. Jahrhunderts* (2002), als sei in diesem gigantischen Arsenal unser kulturelles Gedächtnis zu bannen, als sei eine Summa möglich und das Universum der Bilder decke sich mit der „Welt".
Erziehung zur Wahrnehmung und Verstehen des Vergangenen ist Stefan Hunsteins Anliegen: „Wir brauchen eine Schule, die uns hilft, Bilder zu entschlüsseln und Bedeutungen zu erkennen."[5] Er verfremdet und verrätselt, um die Augen zu öffnen, er verbirgt, um zu dechiffrieren – Wachheit des Blicks! *Nationalgalerie* (1998) heißt ein Zyklus, ein anderer *Die Augen der Attentäter* (2005): in die Unschärfe, ins Diffuse vergrößerte historische Aufnahmen. Was ist Wahrheit, was Propaganda? Was Dokumentation oder Erfindung, Täuschung, Lüge? In der Serie *„Wen Gott lieb hat, lässt er fallen ins Berchtesgad'ner Land" / Vom Obersalzberg (Berghof) im August 1939* (1994) offenbart sich dem Betrachter: Was aus der Nähe in seinen Schemen und schillernden Farbpartikeln fast wie pointillistische Malerei anmutet, entlarvt sich aus der Distanz und Reflexion als Aufnahme des Führers: privat, scheinbar unbeobachtet, in Harmonie mit der Natur, inszeniert, um Vertrauen zu erwecken. Das Original verbirgt die dahinterliegende historische Wirklichkeit, nämlich den Überfall auf Polen zur gleichen Zeit.
Indem Stefan Hunstein Strategien faschistischer Verführung und Manipulation untersucht und das Bild-im-Bild entdeckt, werden seine Arbeiten zu „einer Schule des Sehens und des Zweifels".[6] Auch in seinem Zyklus *Gesten* (2007) nimmt er historische Fotografien scheinbarer Idylle: Hitler mit Kindern, ein

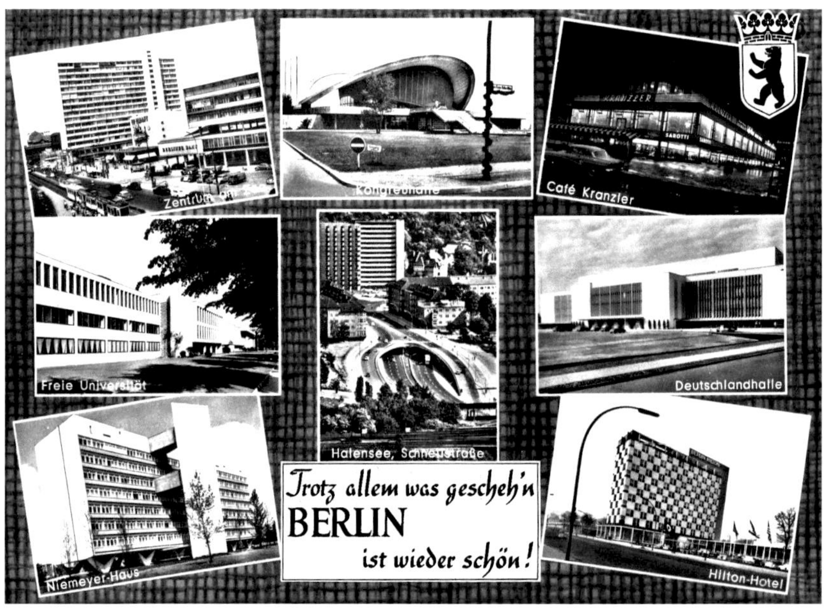

Berlin

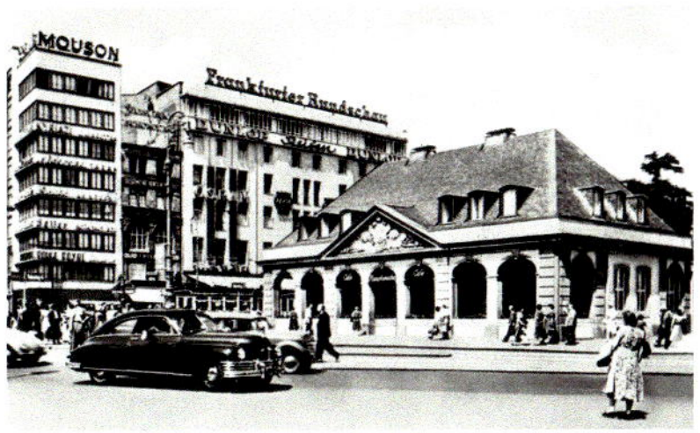

Frankfurt/Main, Mousonturm

häufig verwendetes Propagandabild. In der Konzentration auf Hitlers Gesten beim Berühren der Kinder verlieren die Bilder alle behauptete Unschuld und legen Missbrauch und Gewalt bloß. „Die Realität, die die Fotografie in immer neuen Variationen behauptet, ist eine Lüge. Sie gibt vor, wirklich zu sein, und verrät damit das Wirkliche“, hatte Stefan Hunstein in seinem *Ersten fotografischen Manifest* 1991 gesagt.[7]

Fotografie und soziales Gedächtnis

In einer Zeit, in der lebendige Erinnerung bedroht ist, weil die Generation der Zeitzeugen der schwersten Verbrechen der Menschheitsgeschichte ausstirbt, hat sich die Kunst dem Thema Erinnerung, Gedächtnis zugewandt, der „Spurensicherung“. Der „Meister der Erinnerung“, Christian Boltanski, geboren 1944 in Paris, der „Historienmaler der Nacht unserer Zeit“ (Werner Spies), der den Holocaust, das Vergessen, Tod und Trauer in seinen „erbarmungslosen Inventaren“ von Fotografien Namenloser ausbreitet und darin das Abwesende, Verschwundene präsent macht, hat Stefan Hunstein beeinflusst. Auch andere Künstler suchen in alltäglichen „Überresten“ und „stummen“ Zeugnissen Geschichte neu zu erfahren. Aus Illustrierten- und Werbefotos, Postkarten, Plakaten oder Privatalben trägt etwa Hans-Peter Feldmann seinen Bilderfundus (1977) zusammen, und Katharina Sieverding vergrößert Pressefotos „historischer Augenblicke“ ins Überdimensionale wie in *Schlachtfeld Deutschland* (*Kontinentalkern XI*, 1978).

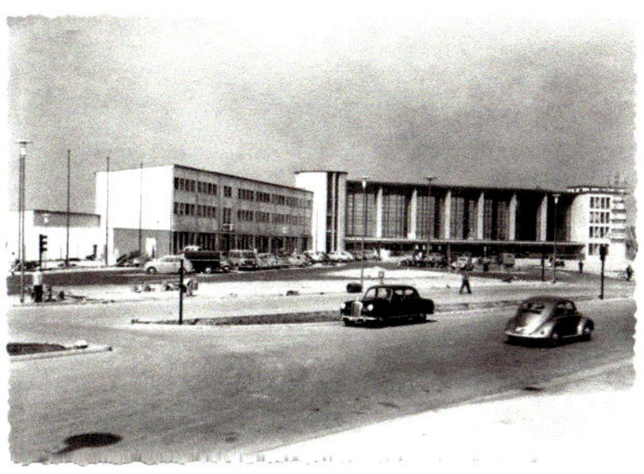

Heidelberg, Hauptbahnhof

Wenn Stefan Hunstein sich in „Schön war's!“ zum ersten Mal der Nachkriegsgeschichte zuwendet, wählt er die Ansichtskarte, ein seit Beginn des 20. Jahrhunderts populäres Massenmedium. Ansichtskarten sind öffentliche Bilder, keine privaten Schnappschüsse. Sie sollen gefallen, sie wollen Identifikation. Unter dieser Prämisse hat der Fotograf sein Motiv ausgewählt, der Hersteller und Verkäufer kalkuliert, und derjenige, der die Karte erwirbt, schreibt und schickt, wünscht sich vom Adressaten, dass er sich daran erfreue und sie aufhebt und sie vielleicht als „Bild“ an die Wand hängt. In diesem Absichtsvollen ist sie „Monument“, wie es die Kulturwissenschaft definiert: direkt auf den Betrachter bezogen und zur Schau gestellt für die Mit- und Nachwelt.

Dabei ist die Ansichtskarte wie Fotografie überhaupt nicht bloße Darstellung der Wirklichkeit, sondern Vorstellung von Welt, nicht Spiegelbild, sondern Interpretation, wie es Vilém Flusser in seiner viel beachteten Schrift *Für eine Philosophie der Fotografie* formuliert hat. Und so stellt sich auch hier die Frage: „Wie verhält sich das Fotouniversum zu der Welt draußen?“[8]

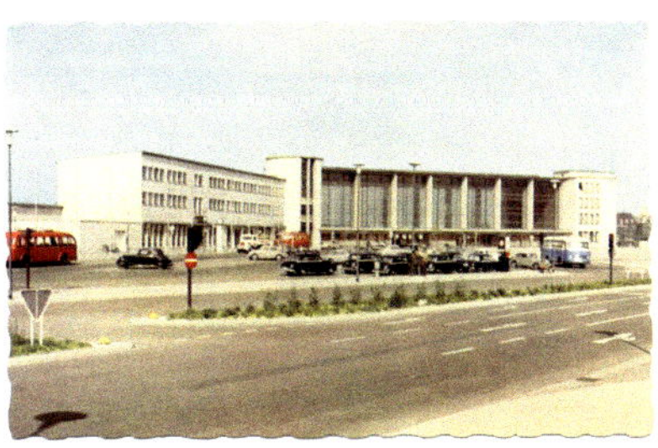

Heidelberg, Hauptbahnhof

Die Bilder, wie Stefan Hunstein sie präsentiert, bewahren offenkundig Symptome und Symbole jener Phase der Zeitgeschichte, das „Reale“ und das „Imaginäre“. Sie sind Zeugnis der materiellen und geistigen Kultur des Landes, Psychogramm einer Gesellschaft und Dokument des Zeitgeistes – gerade auch wenn sie idealisiert und stilisiert werden in ihrer „Botschaft“ von Bild und Schrift: „Es ist unerwartet schön hier.“ – „Es ist hier schön.“ – „Schön war's!“

Ästhetisches Vergnügen

Stefan Hunsteins Bilderzyklus ist nicht nur historische Quelle, sondern Quelle ästhetischen Vergnügens. Wie viele Bilder erstaunen in ihrer Komposition, überraschen in ihrer Modernität, sind anziehend in der Farbigkeit – noch immer altmodisch schablonenkoloriert, die weichen Übergänge aufgetragen mit dem Pinsel. Die strengen Raster der Fassaden, die Schriftbilder mit ihren unterschiedlichen Typografien, Licht und Schatten, Spiegelungen – malerische Anmutung. Vieles gibt es zu entdecken, Lust am Schauen, Wiedererkennen, das über das Nostalgische hinausgeht. Aneignung des eigenen Lebens im Medium der Kunst.

Es gelingt ihm, was er sich wünscht: „das fotografische Bild soweit zu öffnen, dass es für den Betrachter zur Projektionsfläche werden kann", dass „eine Verschmelzung zwischen dem Betrachter und dem Bild" stattfindet. Wie „schön" war diese Zeit eigentlich? Erinnern wir Entbehrung und Mangel oder die „Unfähigkeit zu trauern" oder die Teilung eines Landes? Scheint uns diese Zeit heute „schön", weil damals alles möglich schien, offen, und jedem Anfang der Traum einer besseren Welt innewohnt? Jene „öffentlichen Fotografien", „Modelle für Erleben, Erkennen, Werten und Handeln",[9] sie seien im folgenden der „Privatlektüre"[10] empfohlen!

Petra Giloy-Hirtz

1 Stefan Hunstein in Gesprächen mit der Autorin im Juni 2009.

2 Stefan Hunstein, in: Barbara Fischer, *Stefan Hunstein*, in: *Künstler. Kritisches Lexikon der Gegenwartskunst*, 85, 2009, S. 9.

3 Stefan Hunstein, *Die Sprache bringt es an den Tag. Künstlerrede bei der Künstlerischen Akademie in der ehemaligen Allerheiligen Hofkirche*, München 2005, S. 19.

4 Ebd., S. 22.

5 Ebd., S. 33.

6 Albert Ostermaier, *Stefan Hunstein. Gesten*, Ausst.-Kat. Kunstverein Augsburg, 2007, s. p.

7 Abgedruckt in: *Stefan Hunstein. Fotoarbeiten,* Ausst.-Kat. Städtische Galerie im Lenbachhaus, München, Neue Galerie Kassel, Badischer Kunstverein, Karlsruhe, München 1995, S. 34.

8 Vilém Flusser, *Für eine Philosophie der Fotografie,*1983, 7. Aufl., Göttingen 1994, S. 38.

9 Ebd., S. 42.

10 „Die Lektüre öffentlicher Photographien ist im Grunde genommen stets eine Privatlektüre." Roland Barthes, *Die helle Kammer. Bemerkungen zur Photographie* (1980), Frankfurt 1989, S. 108.

STEFAN HUNSTEIN

„SCHÖN WAR'S!“

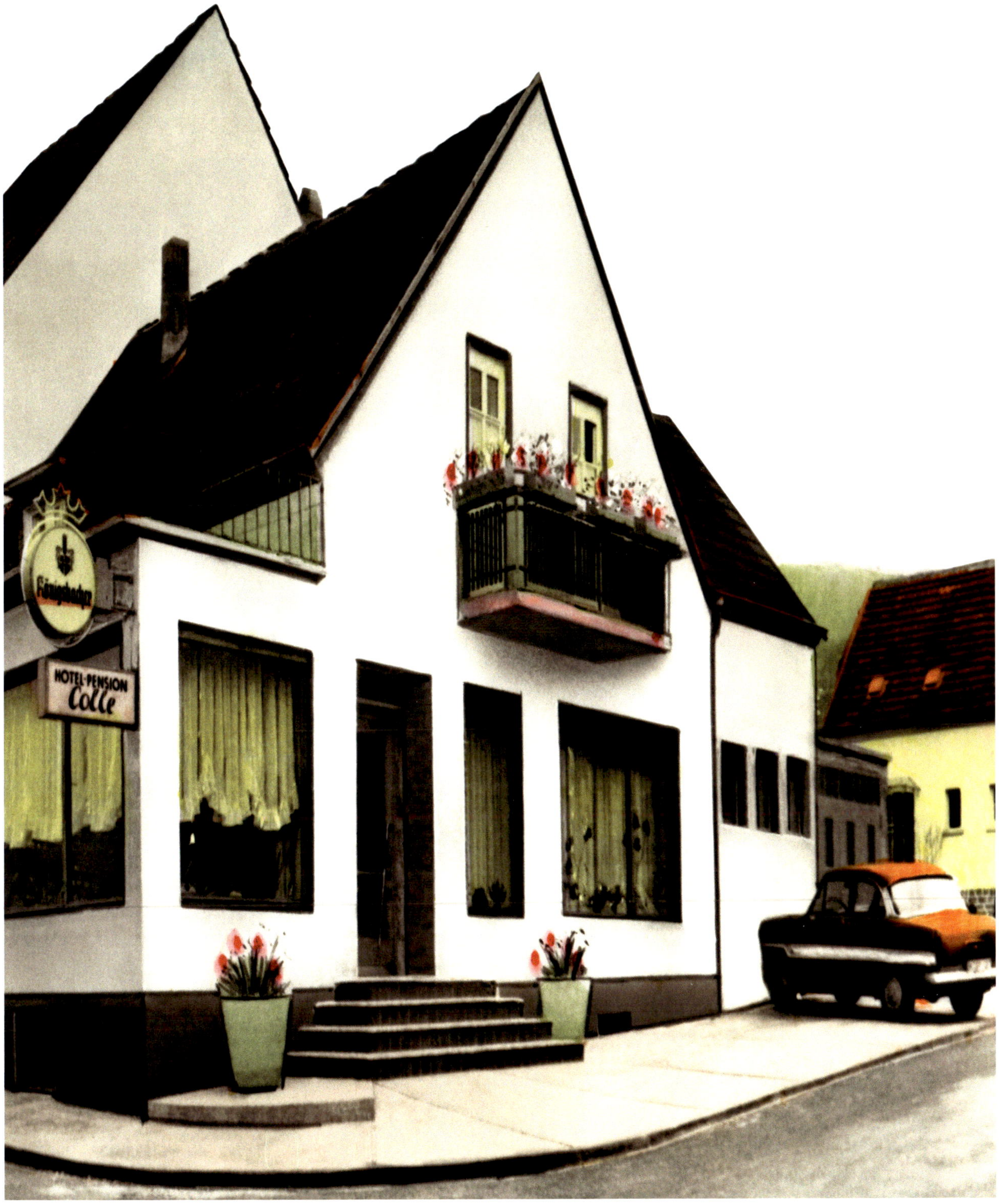
HOTEL-PENSION
Colle

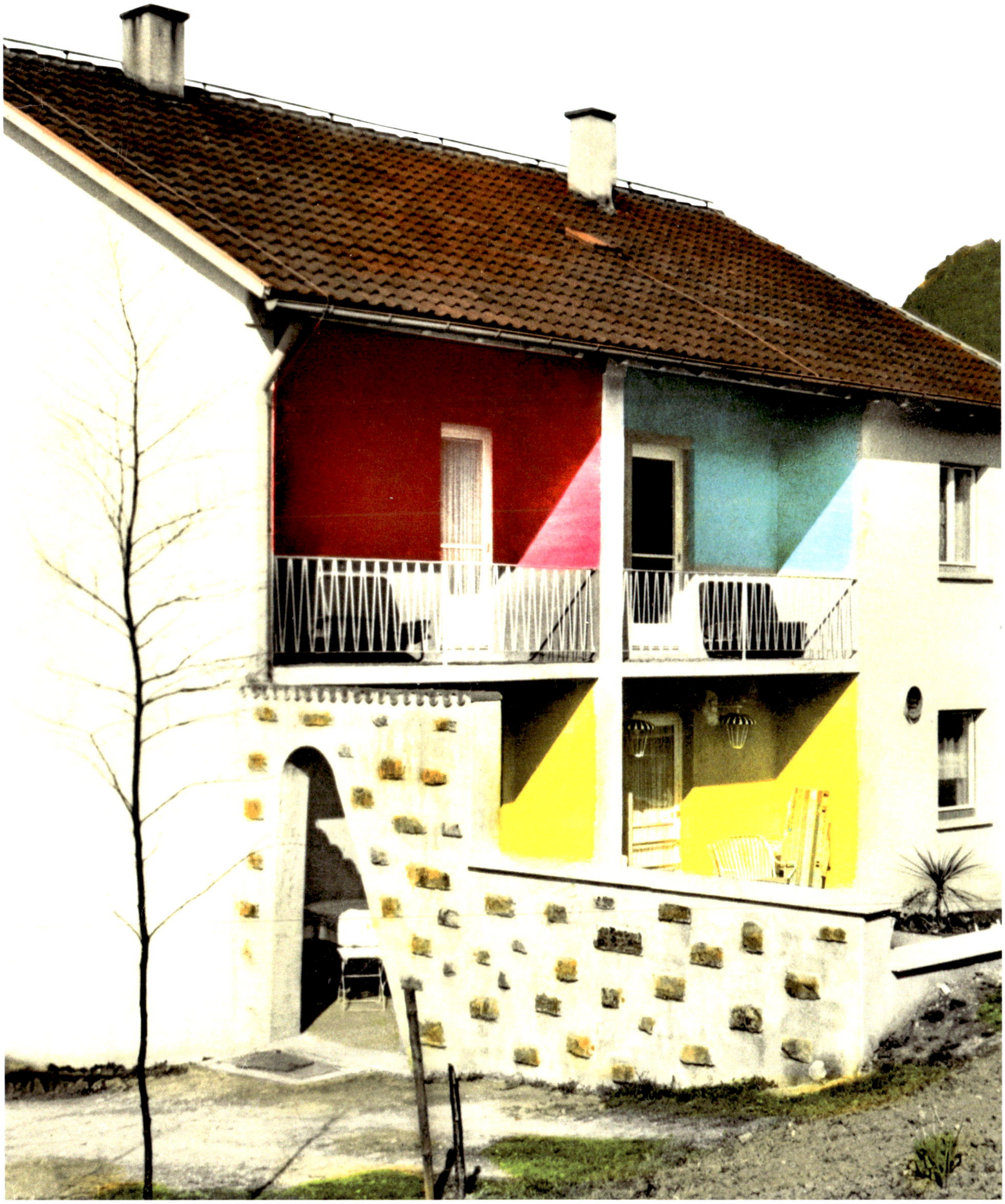

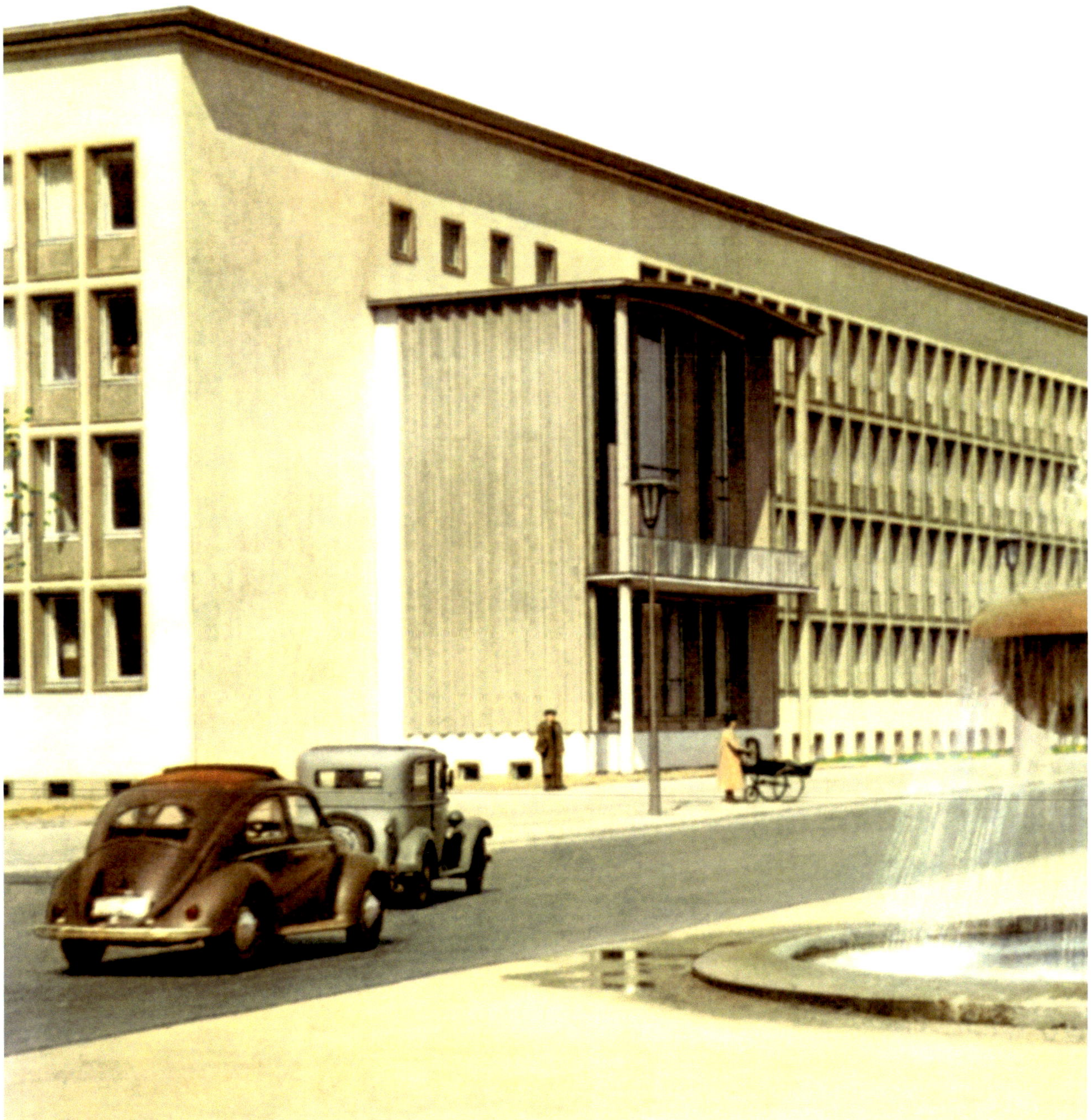

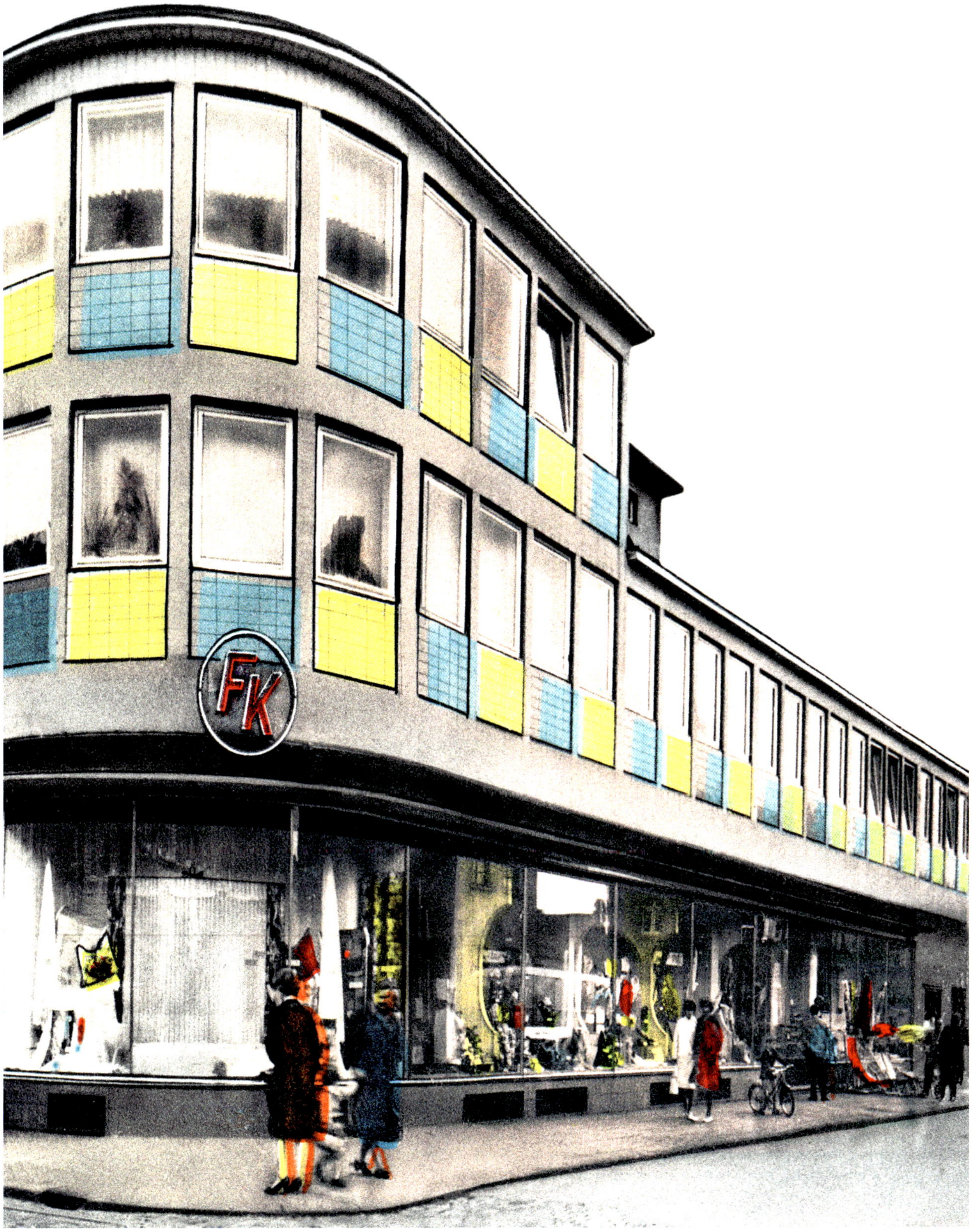
FK

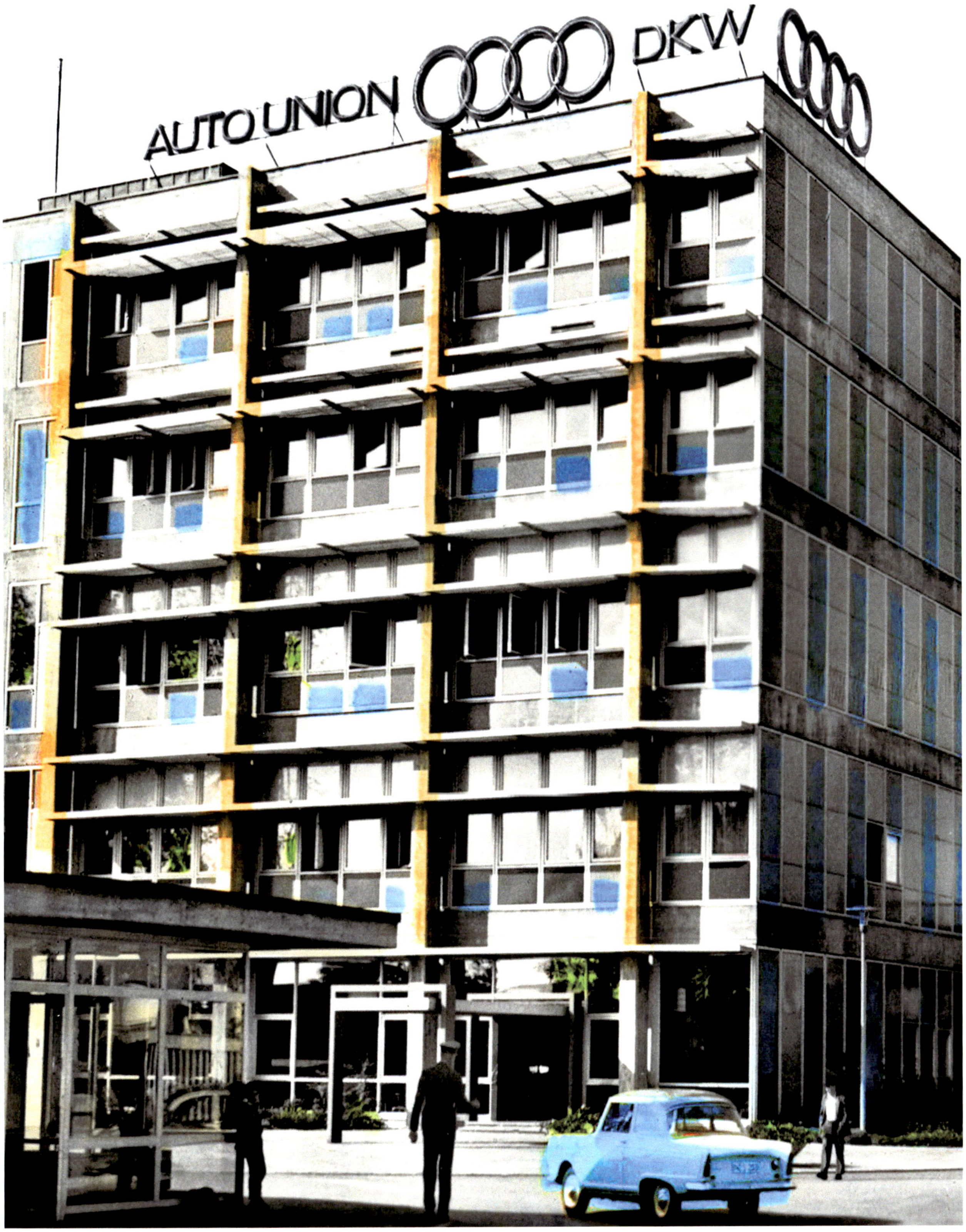
AUTO UNION
DKW

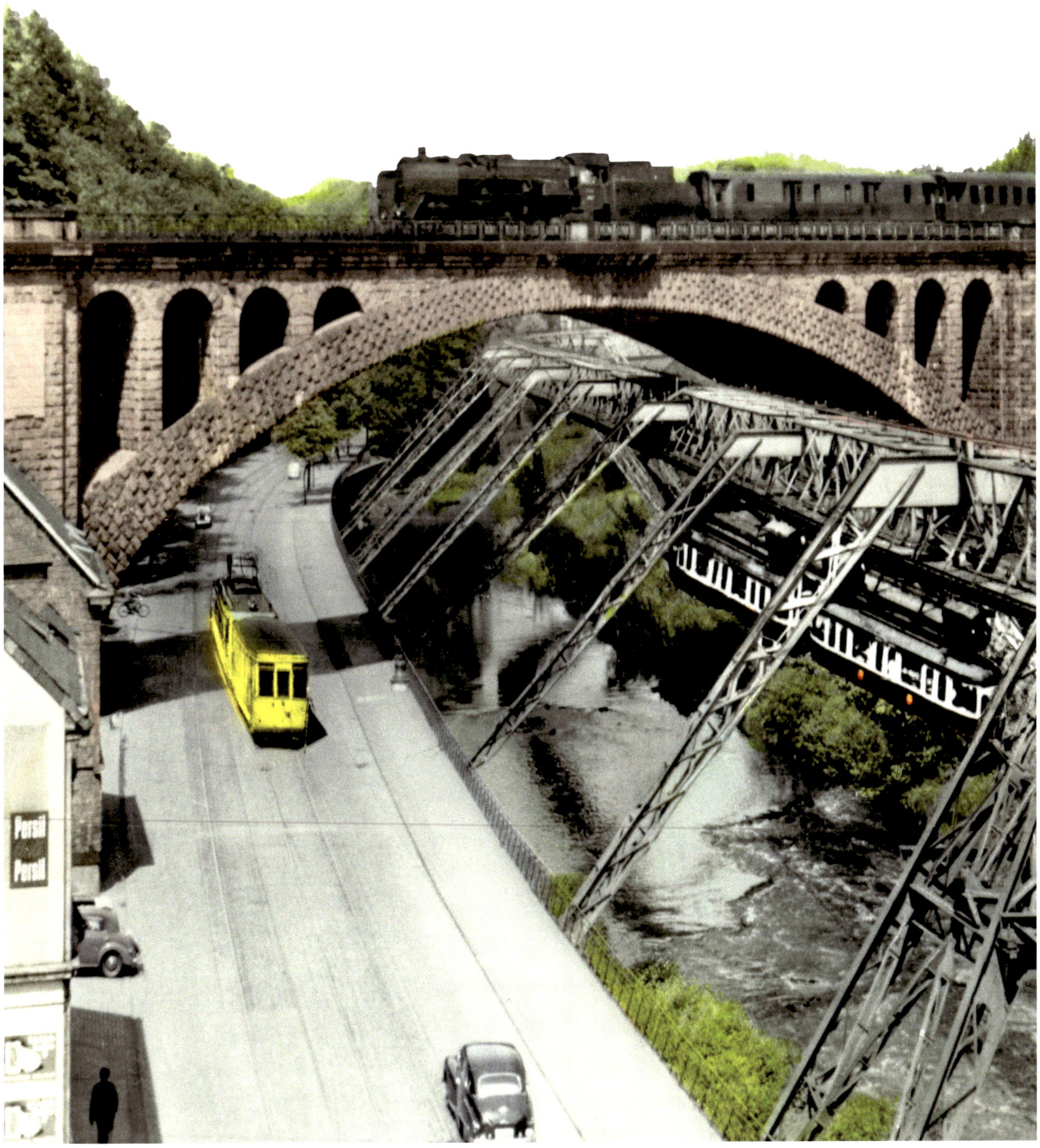
Persil
Persil

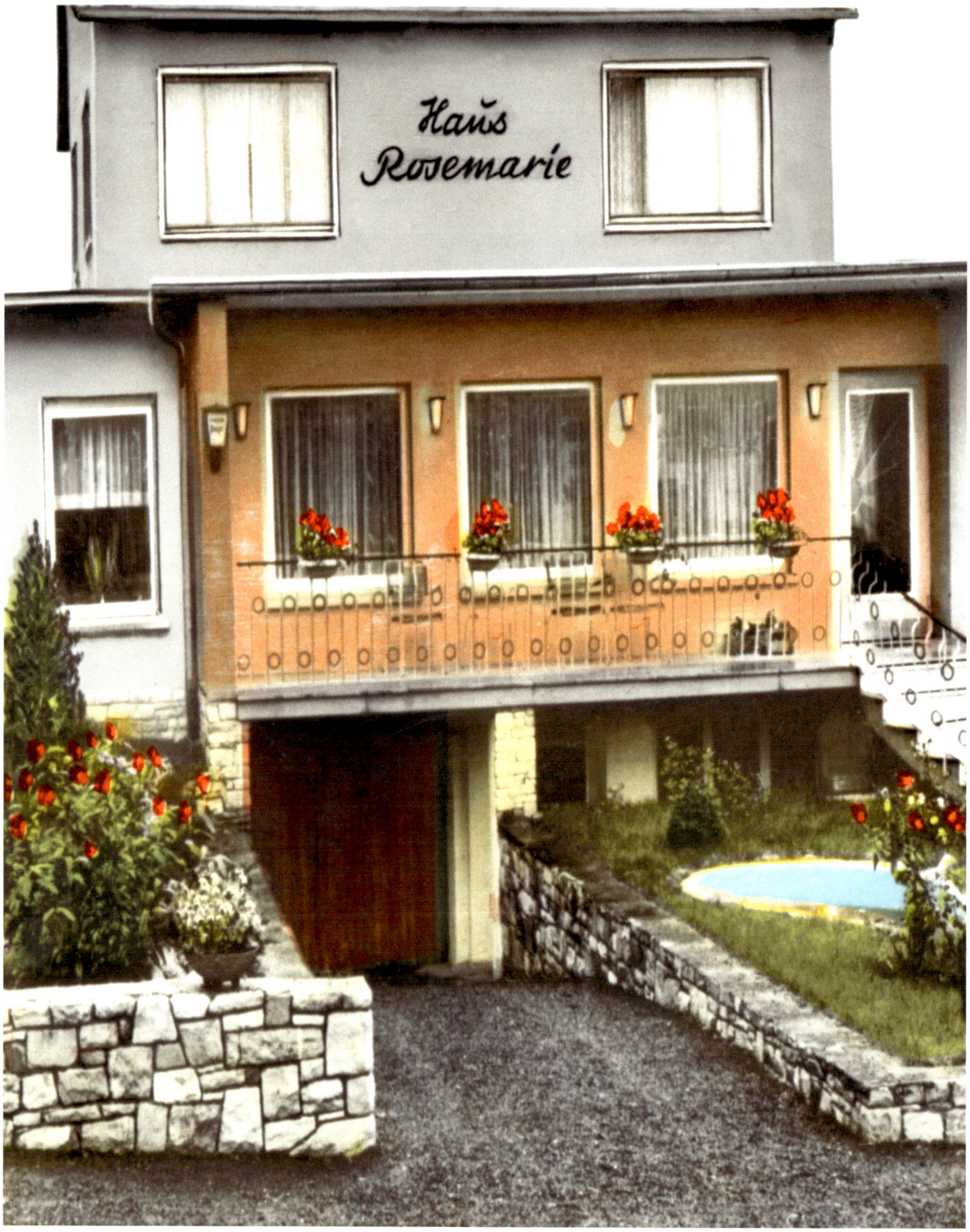
Haus
Rosemarie

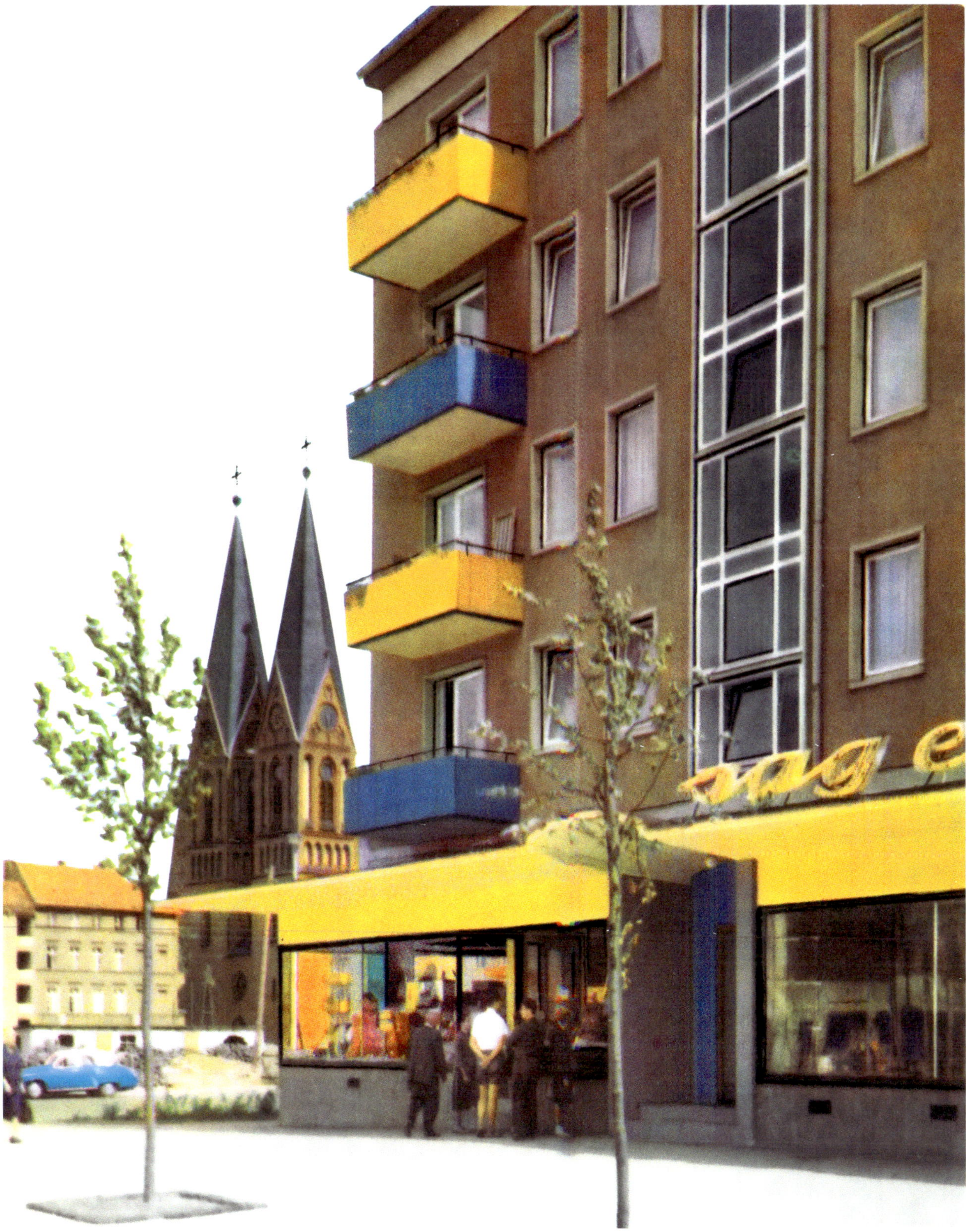

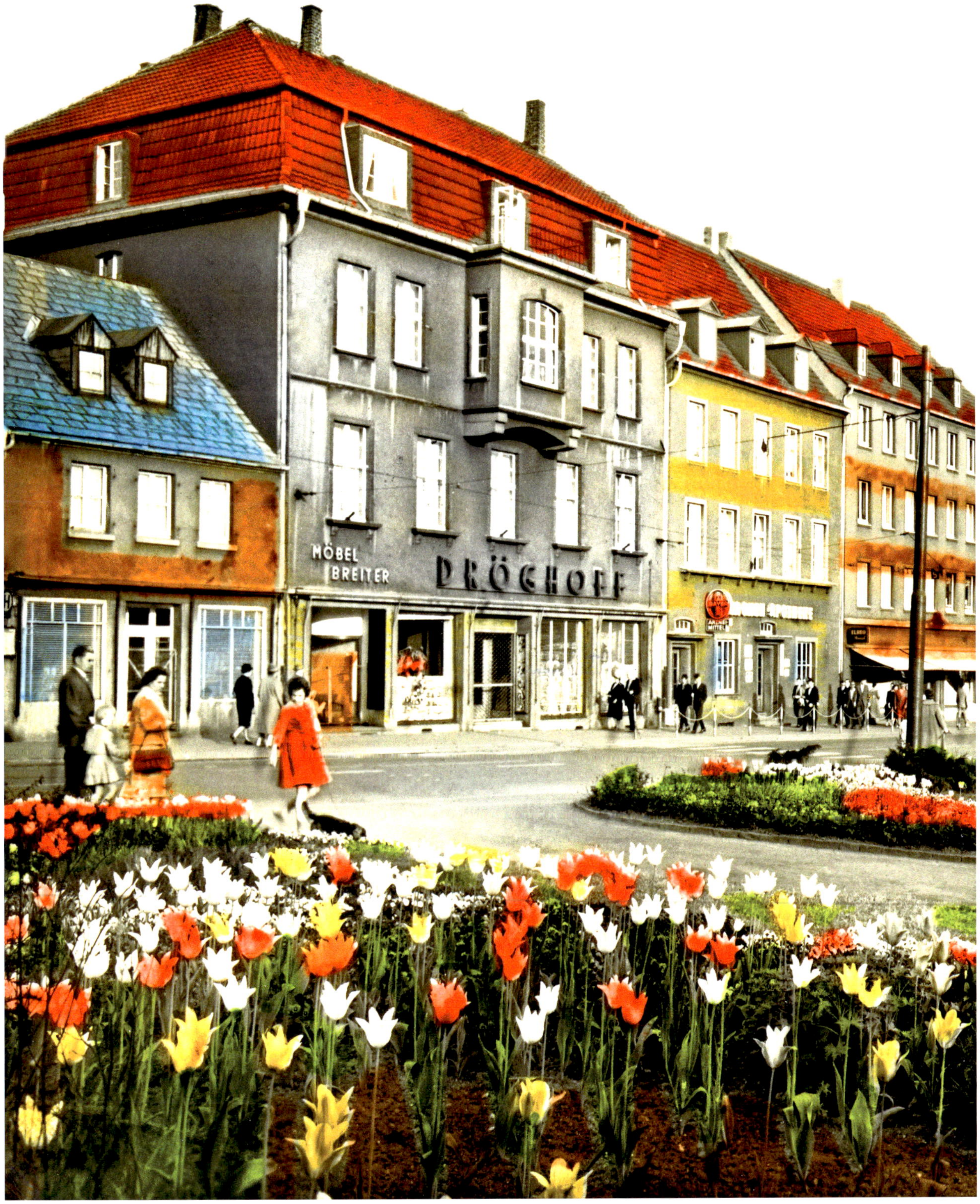
MÖBEL
BREITER
DRÖGHOFF

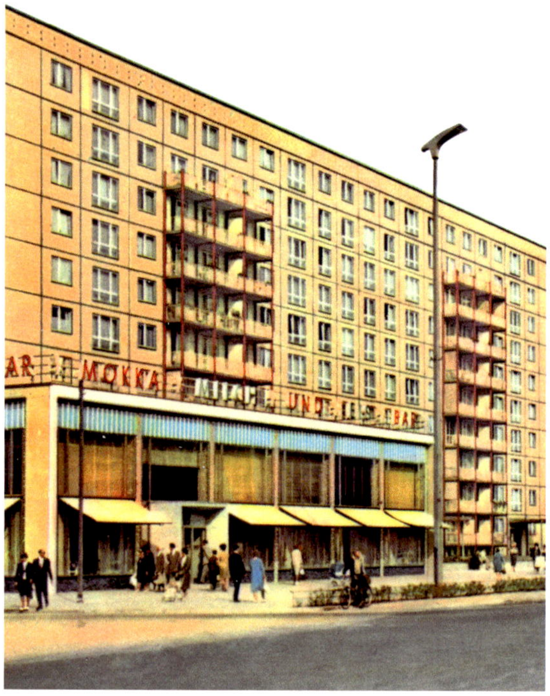
MOKKA

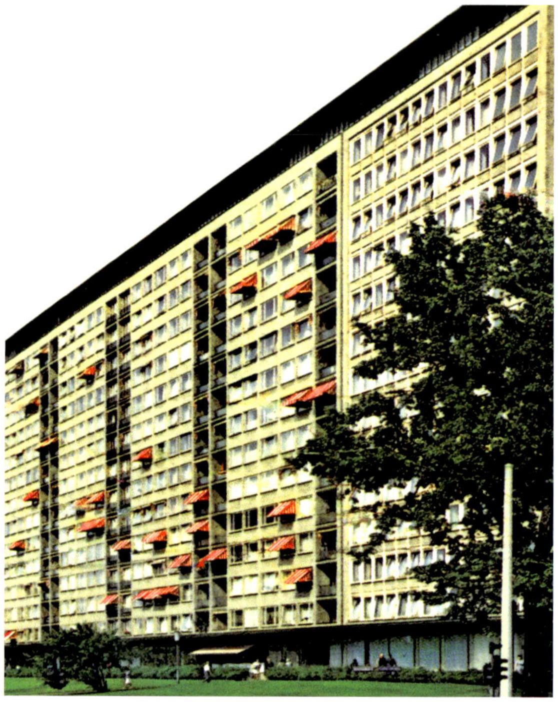

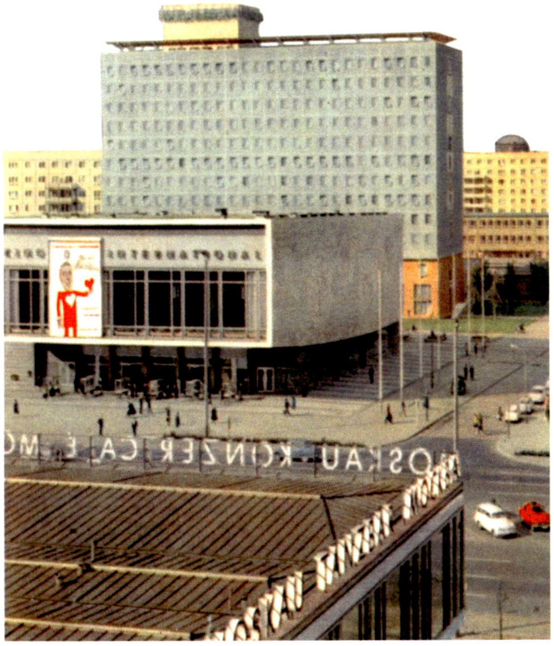

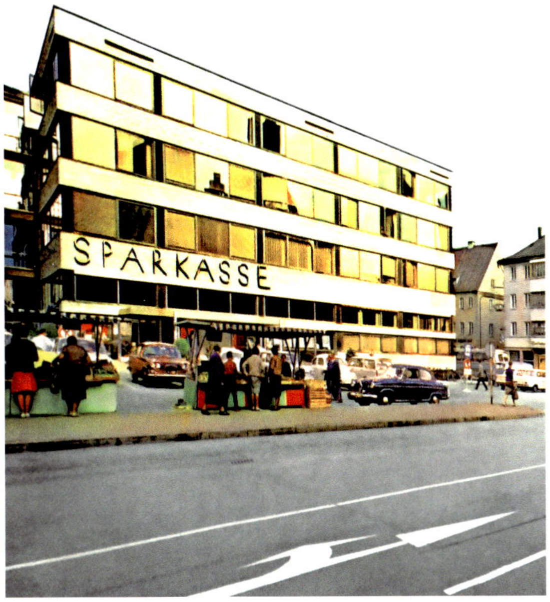
SPARKASSE

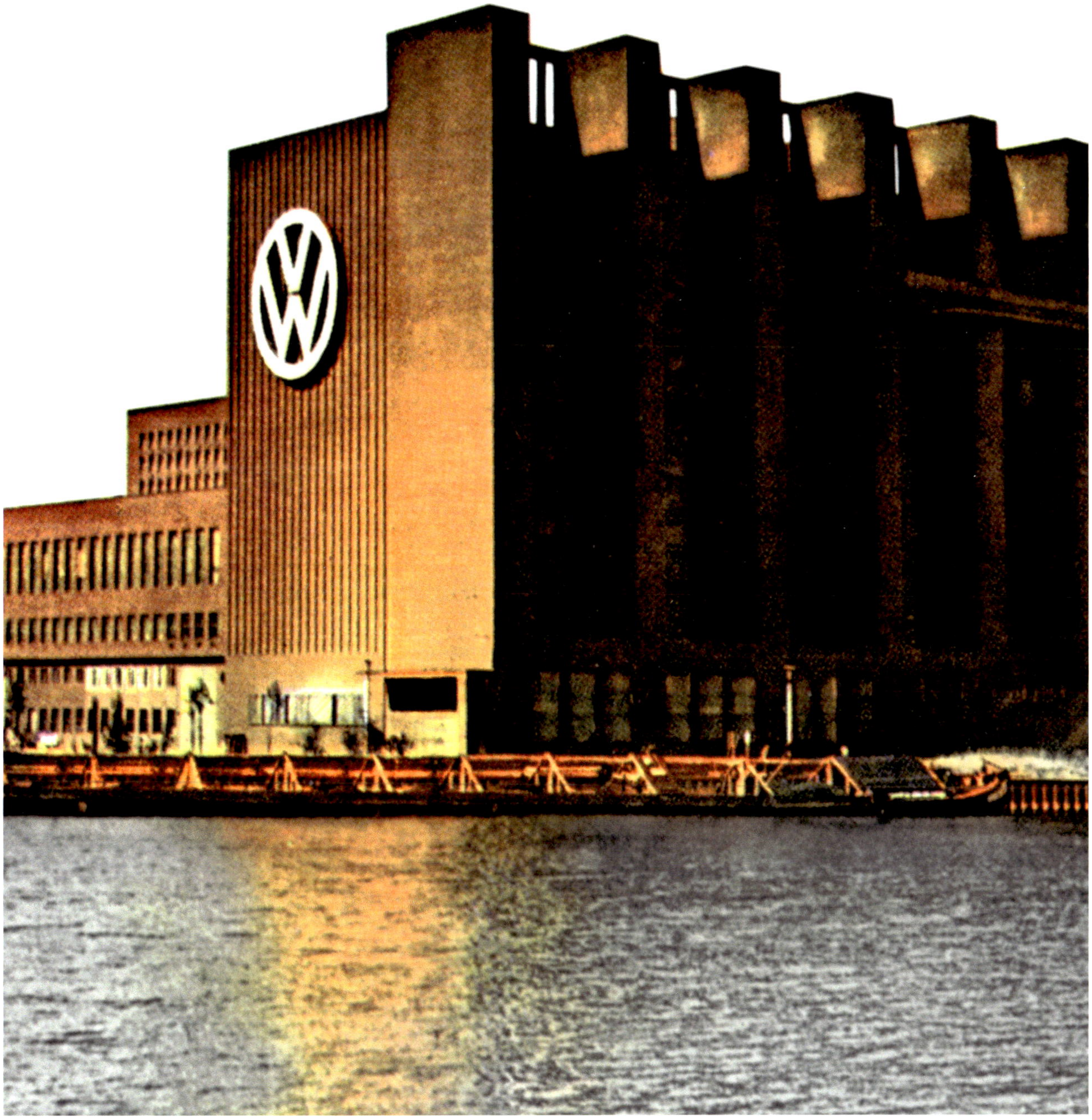

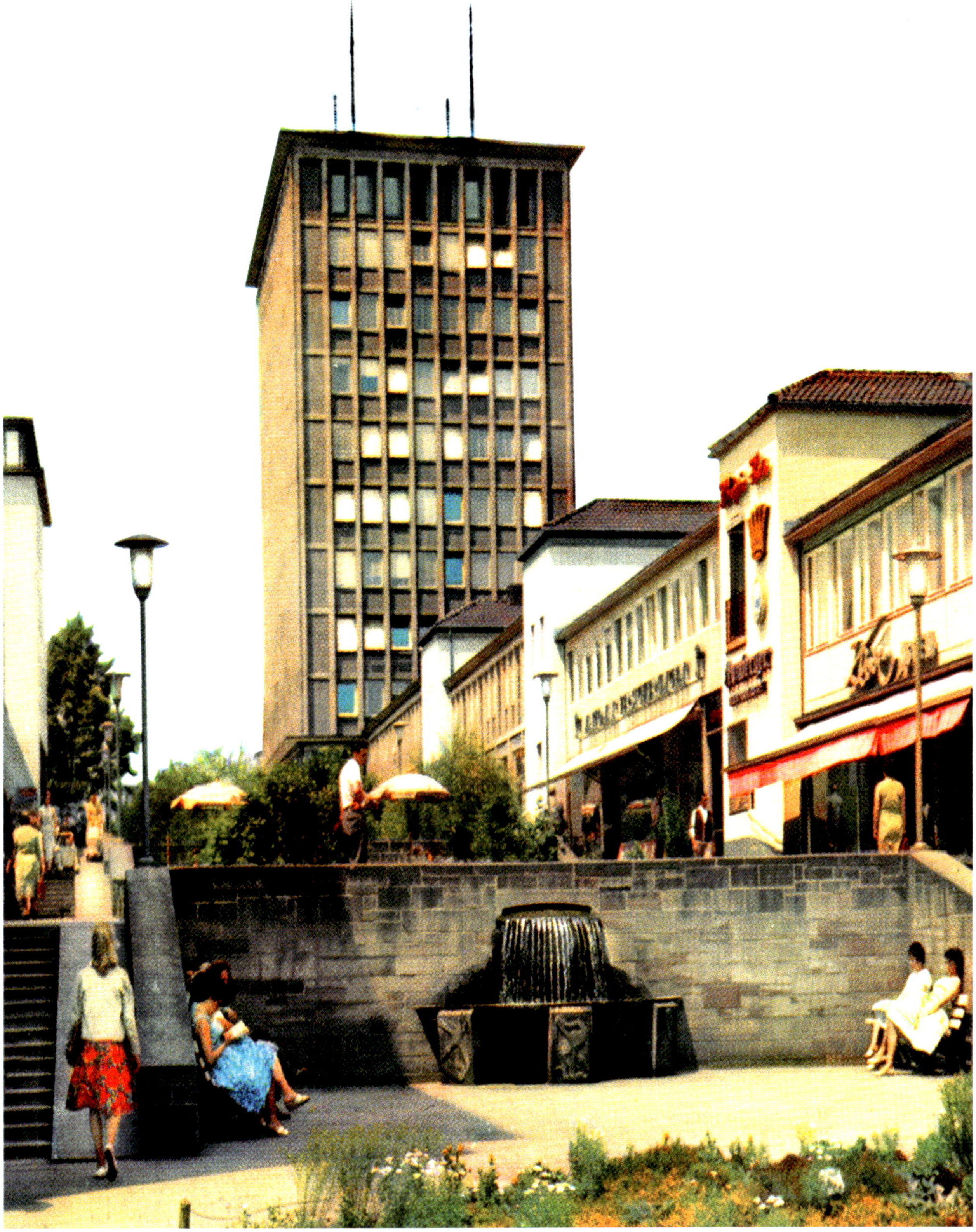

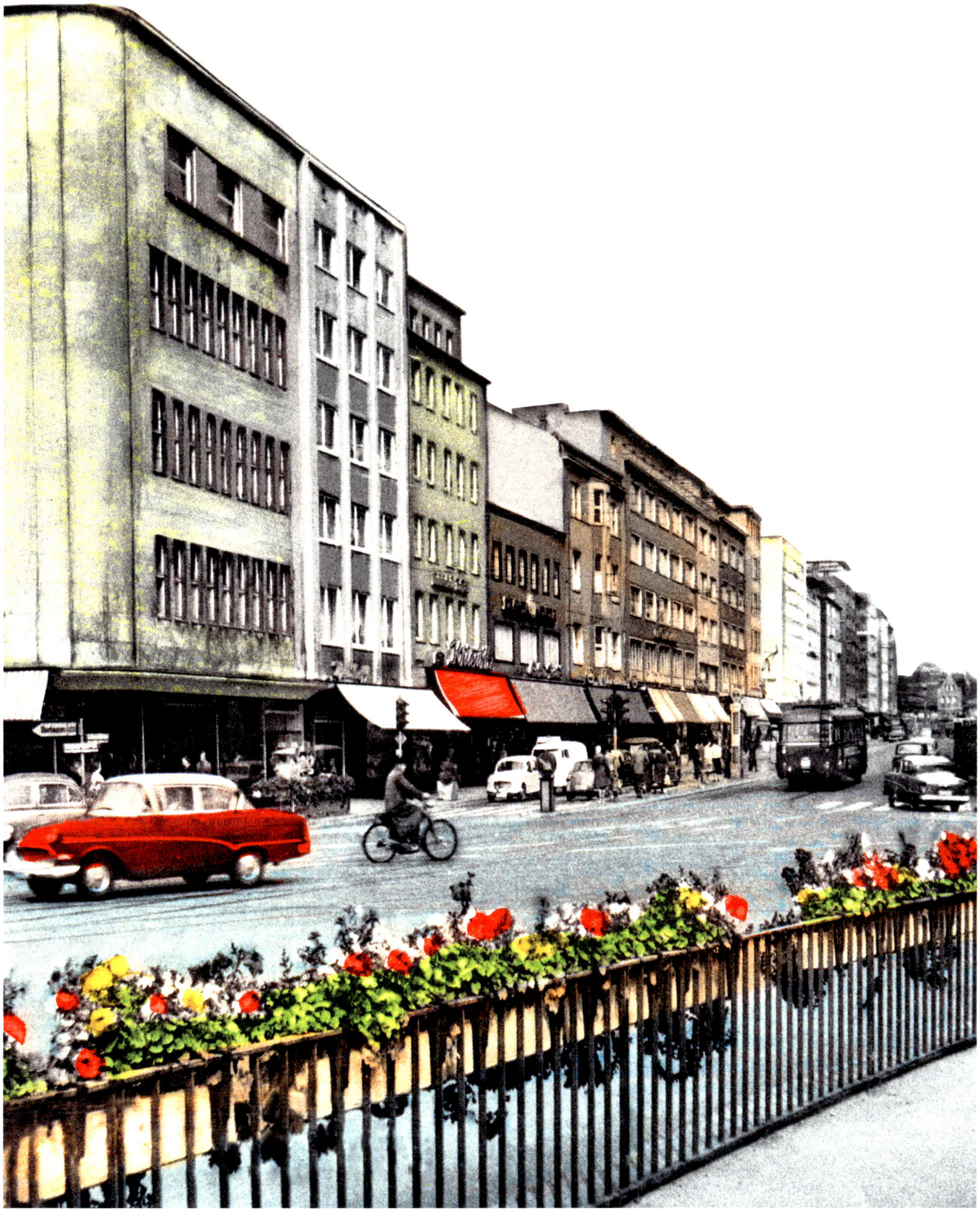

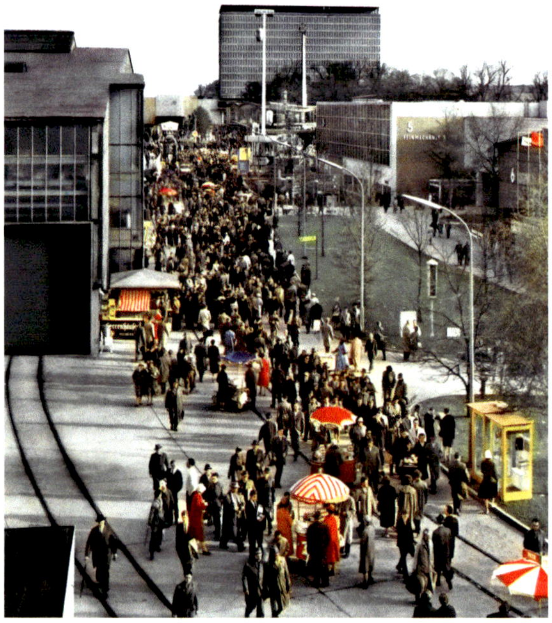

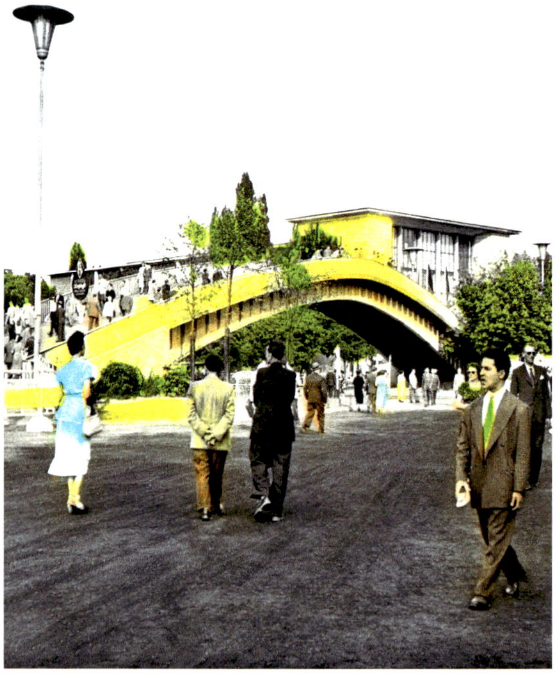

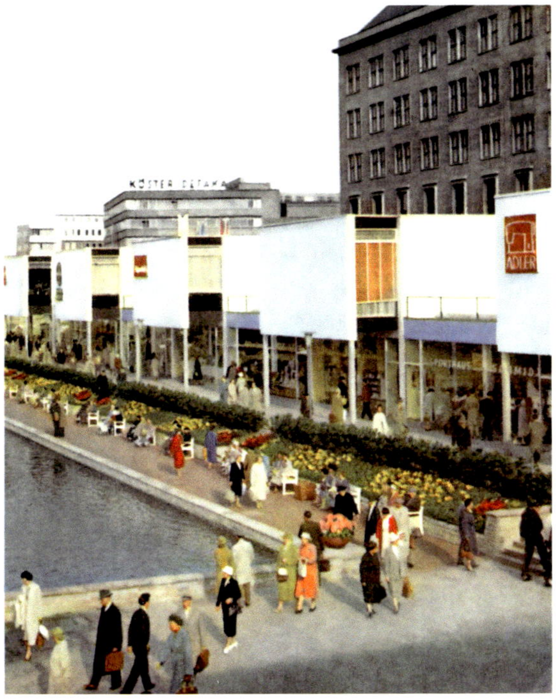
ADLER

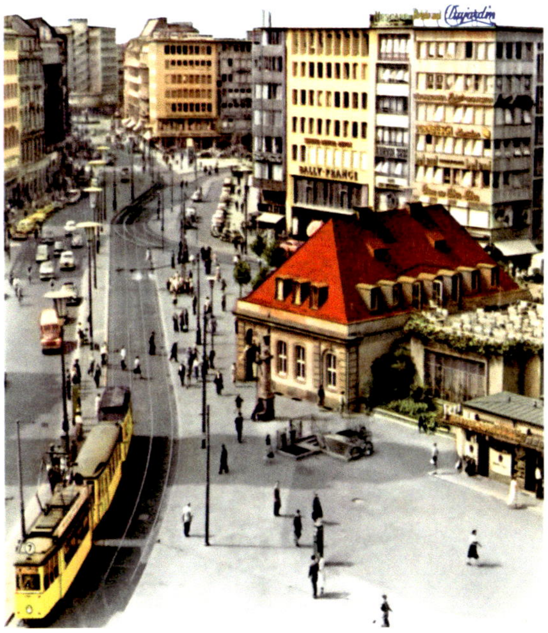

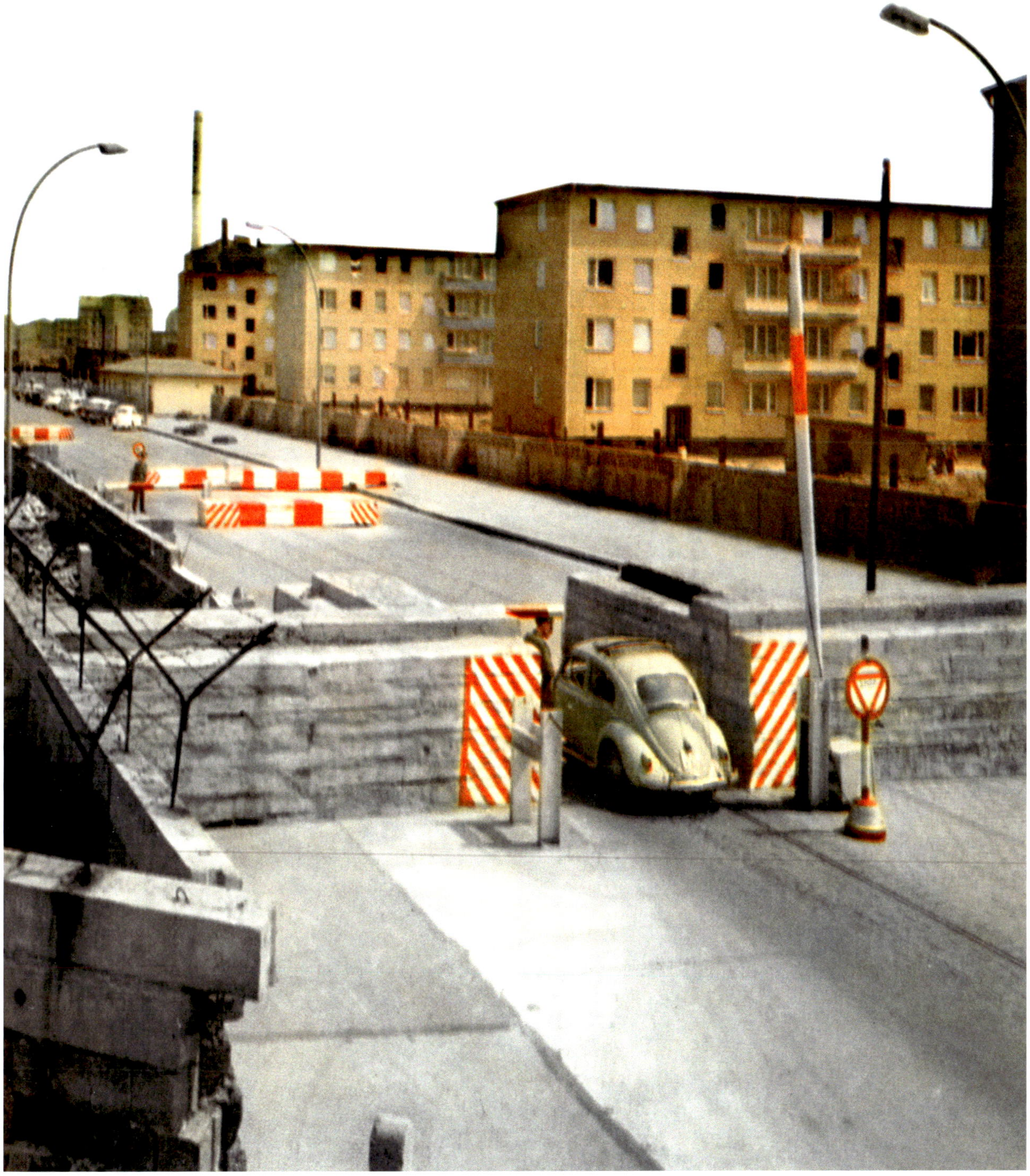

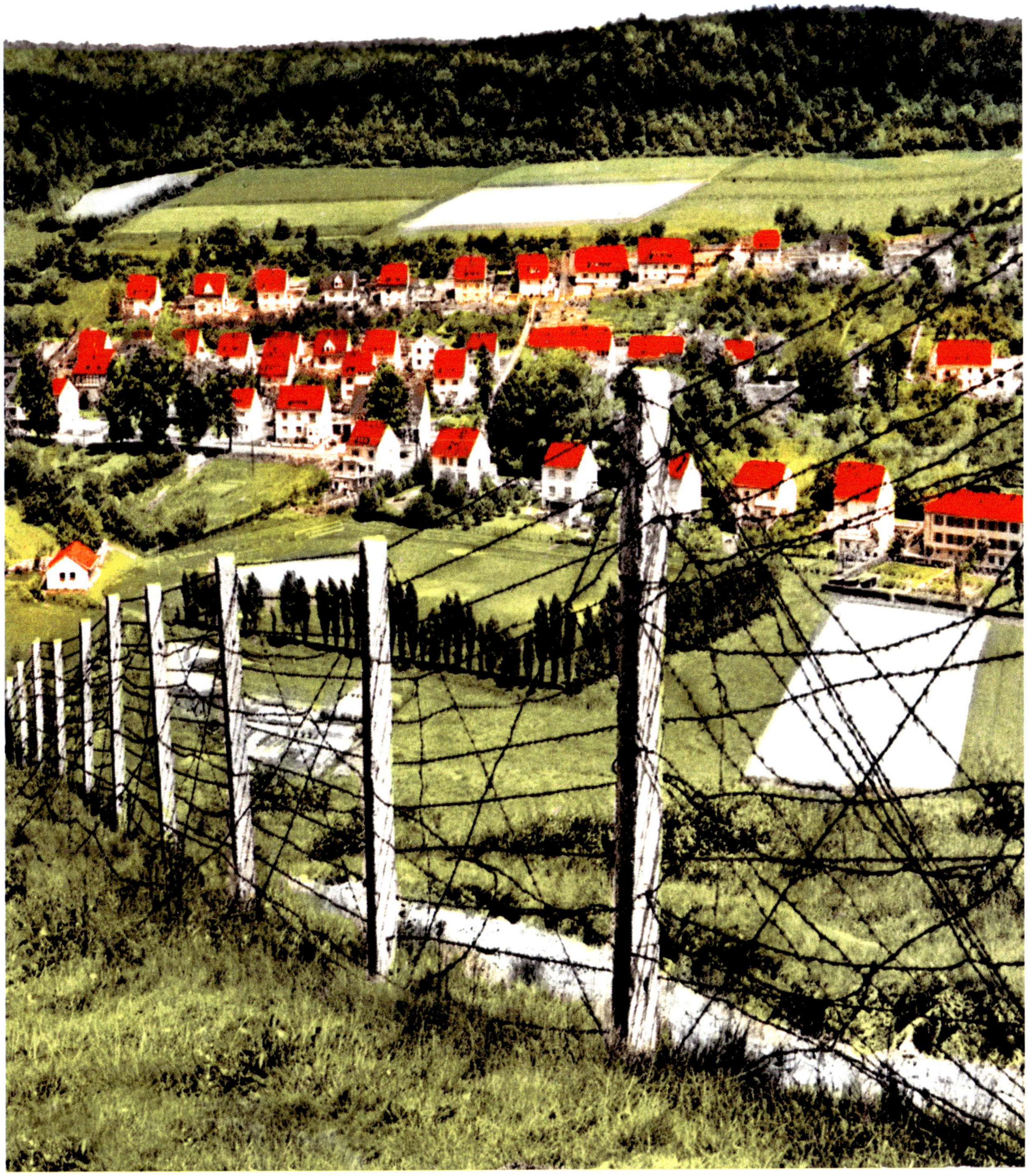

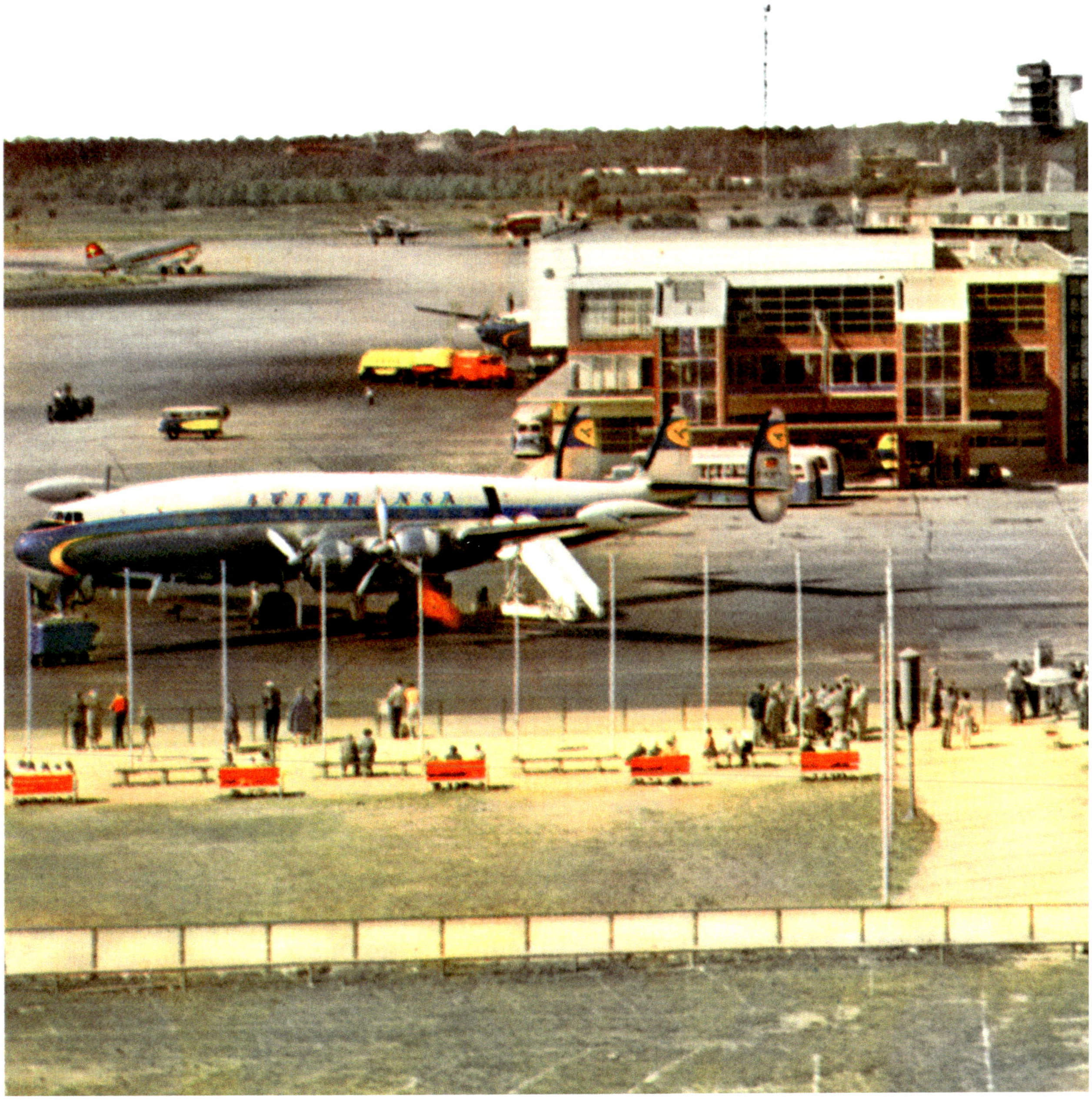

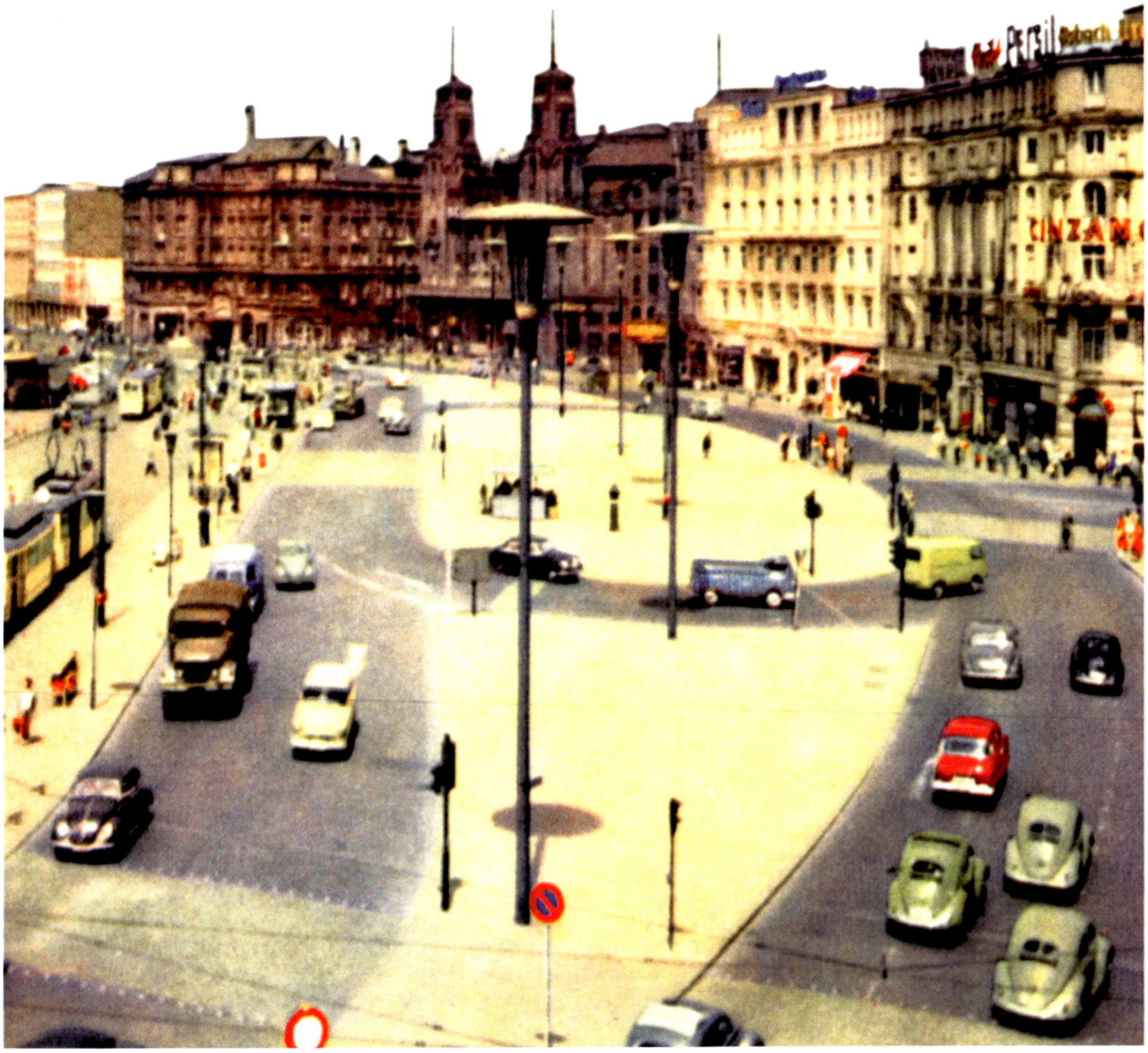

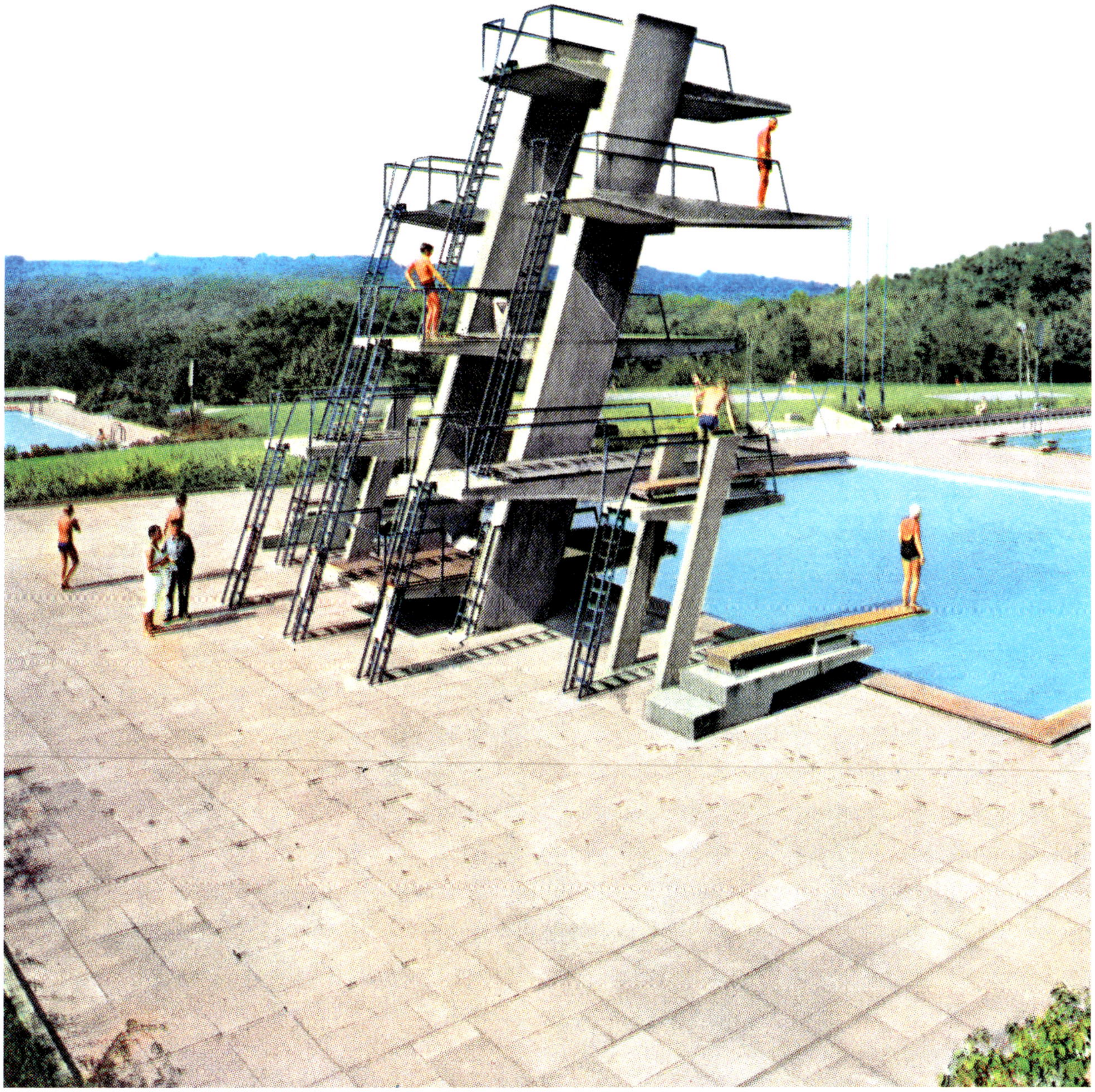

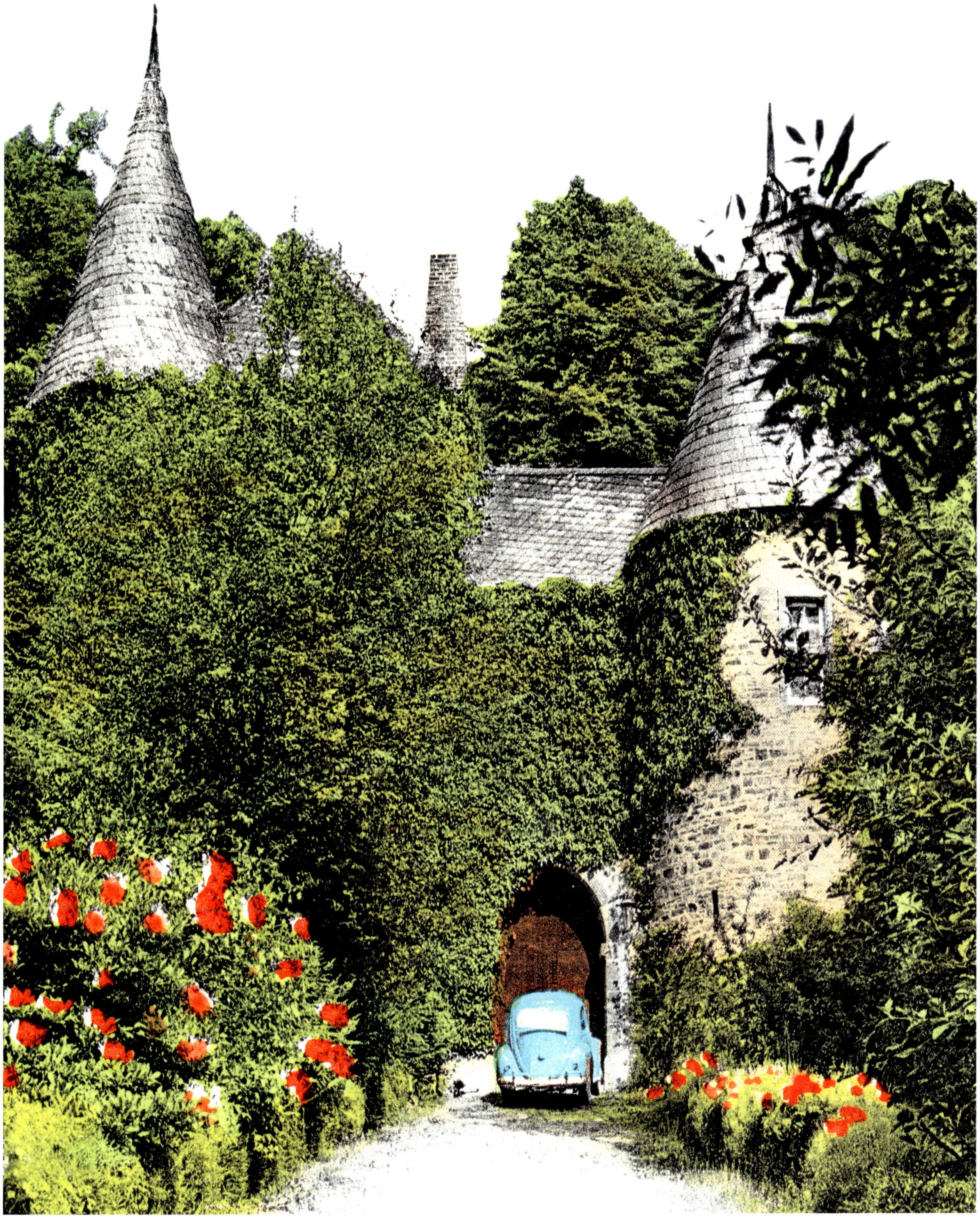

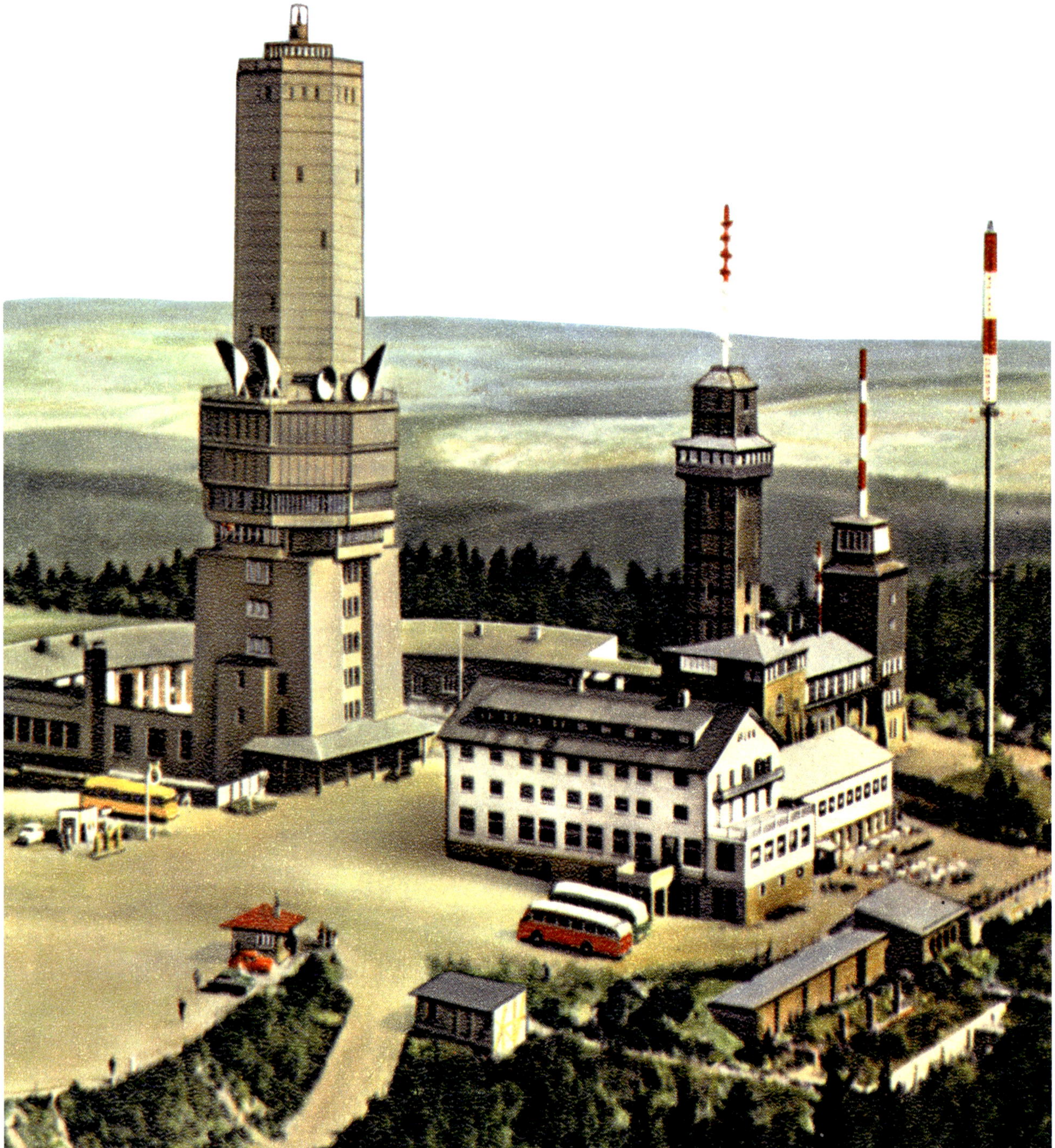

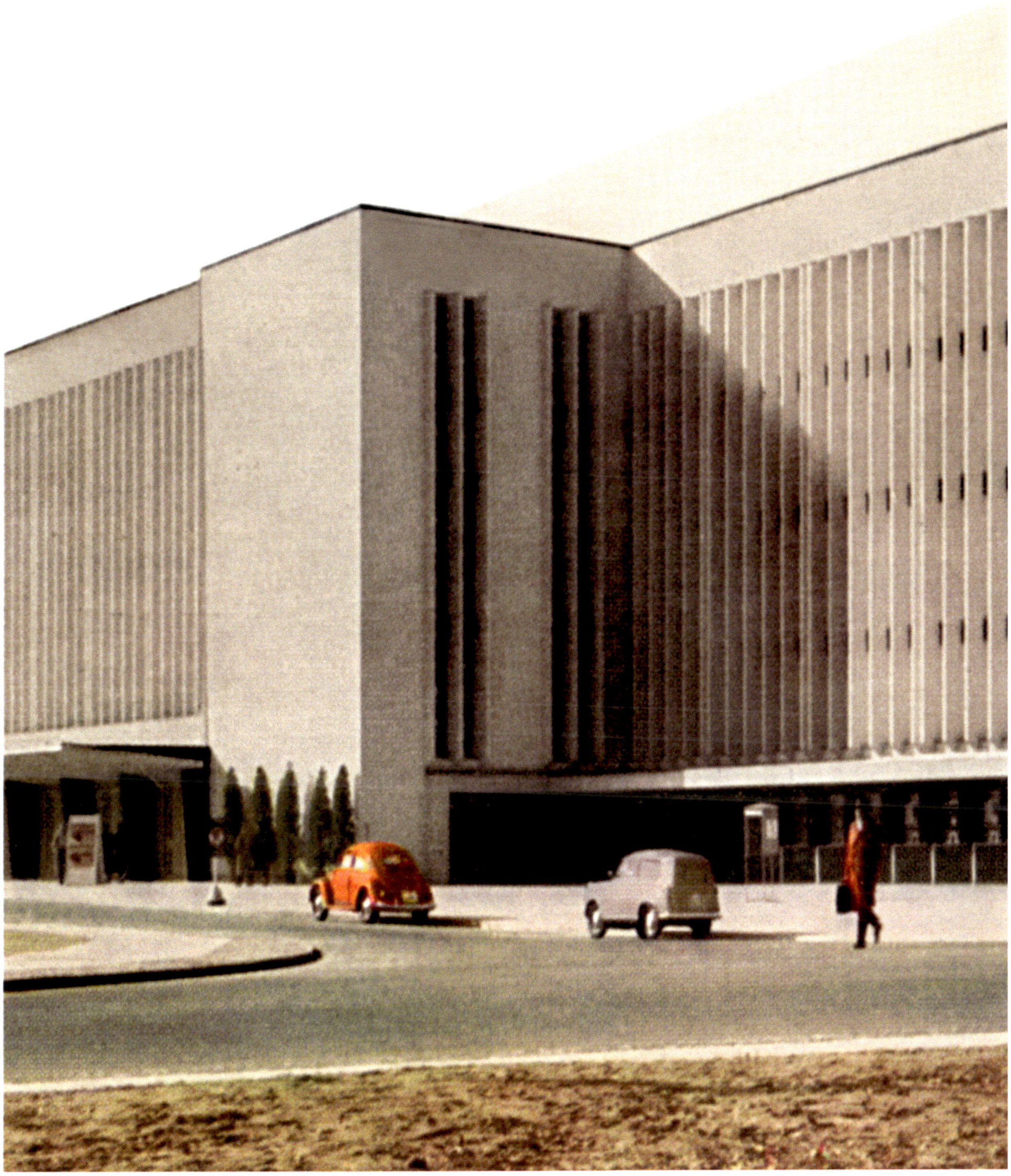

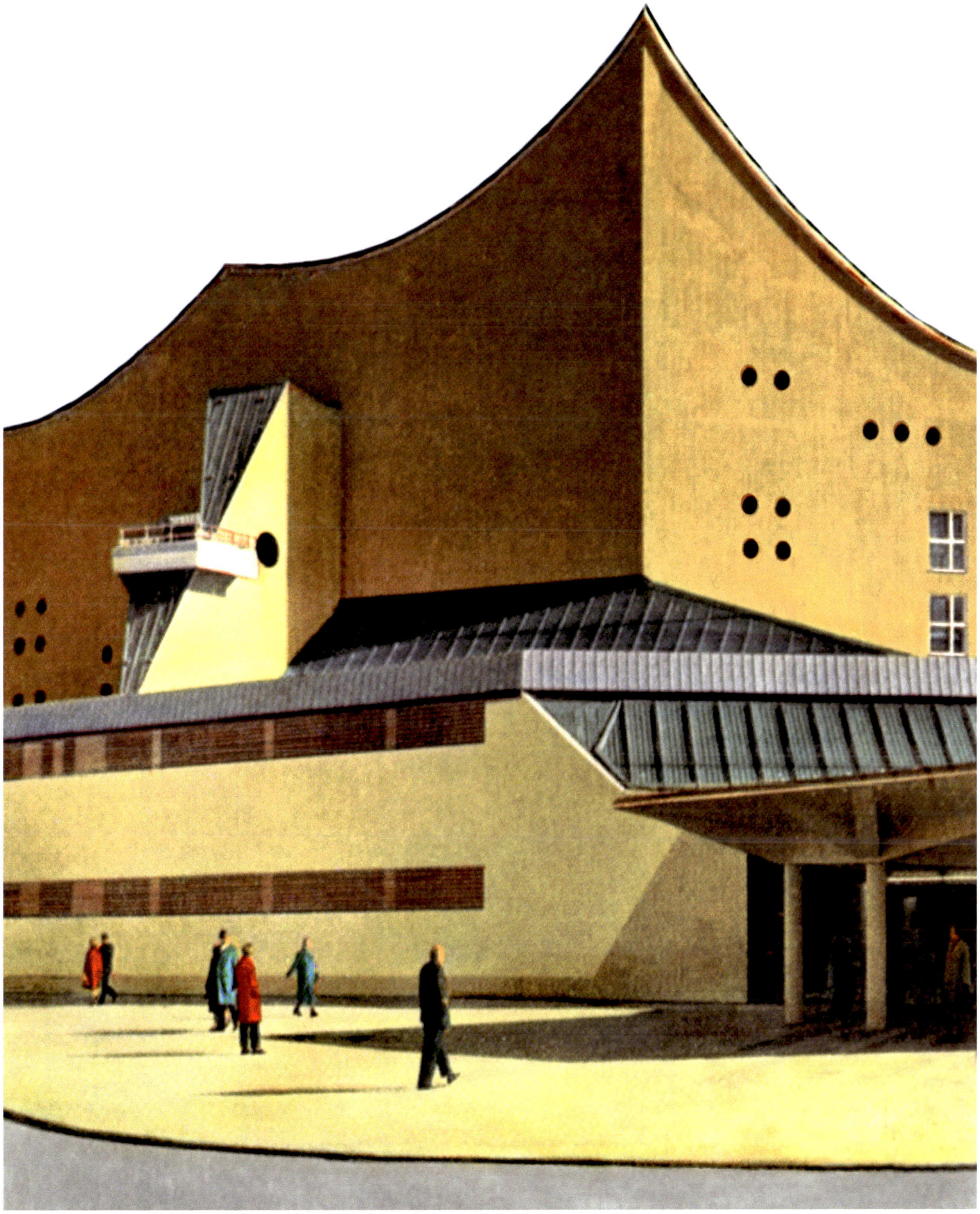

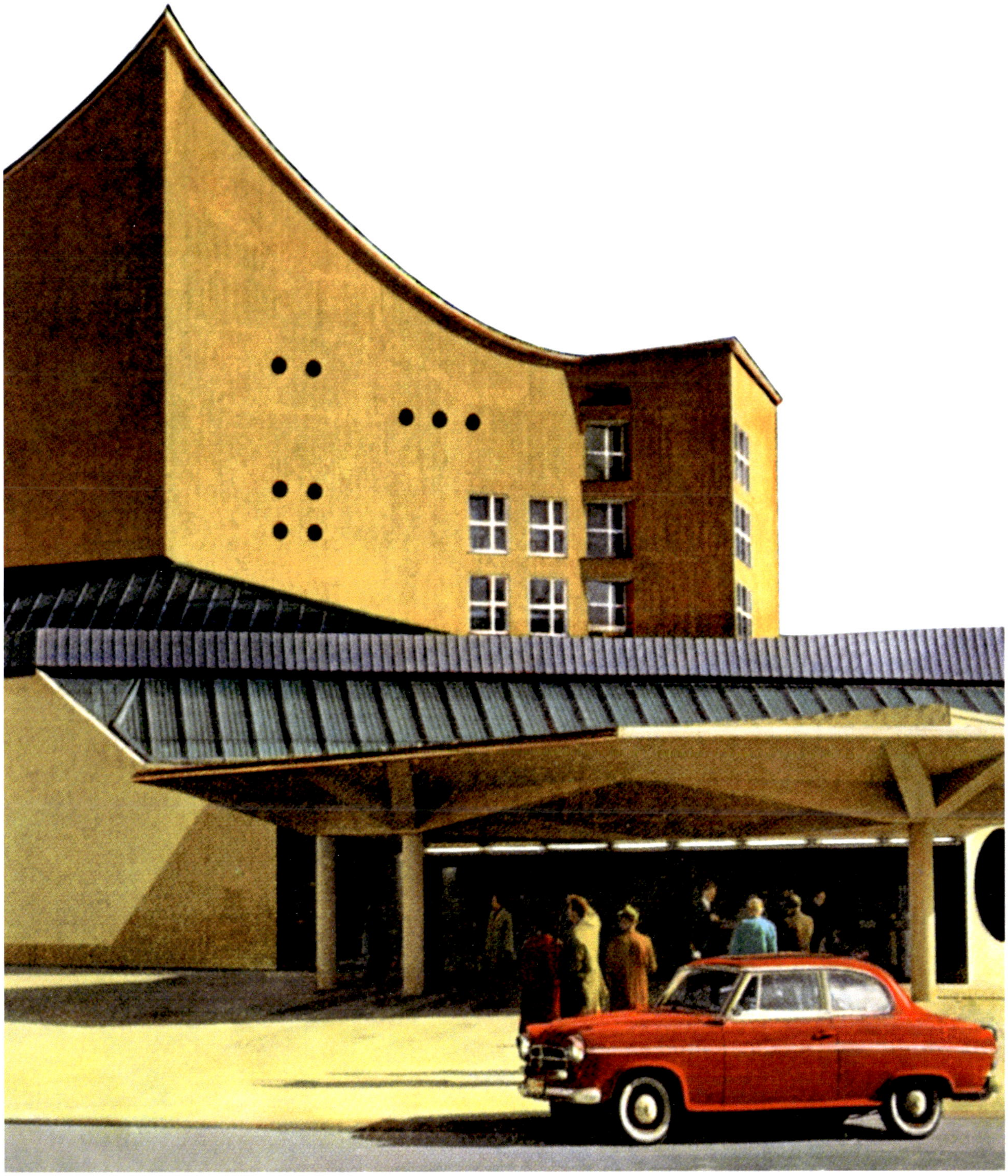

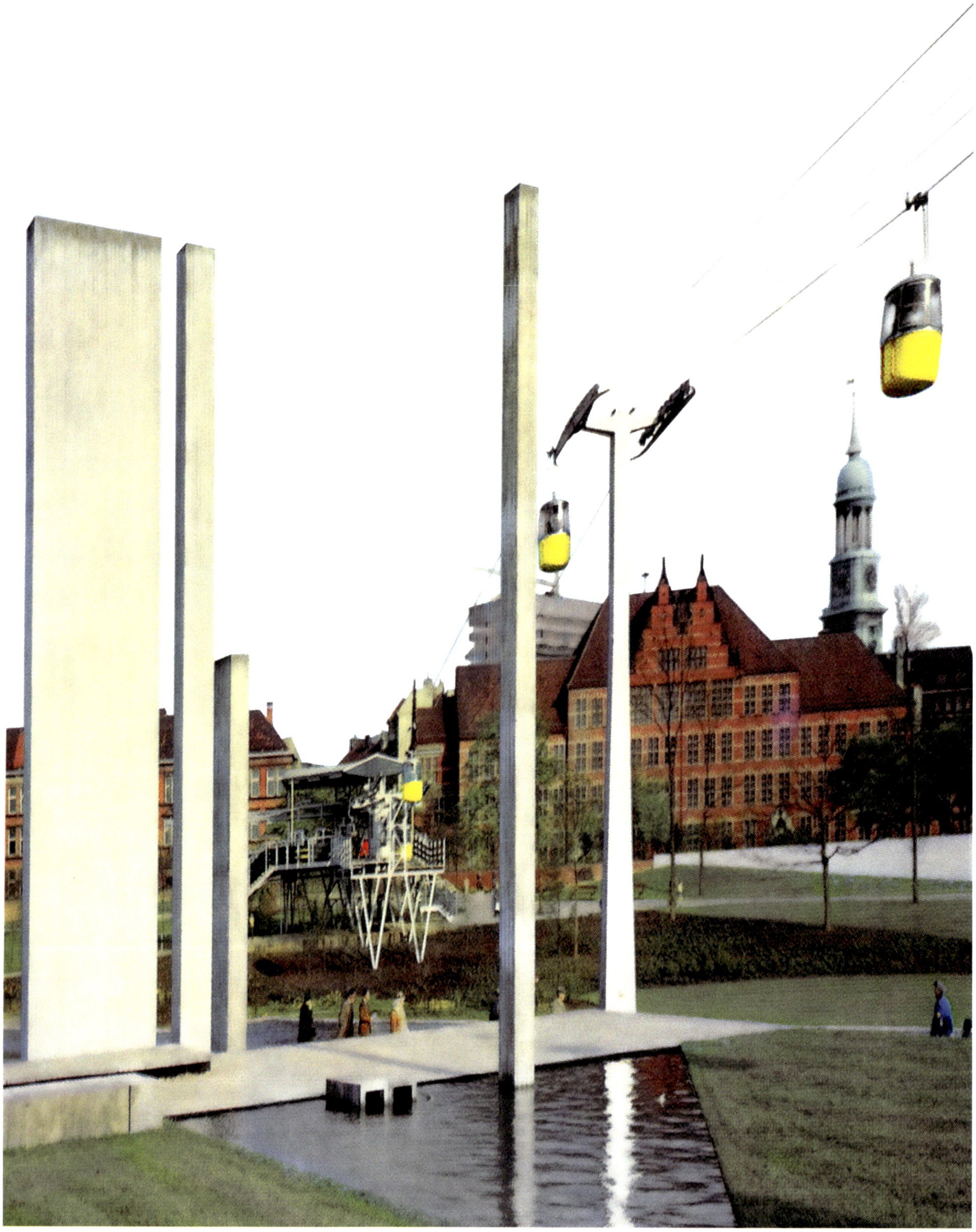

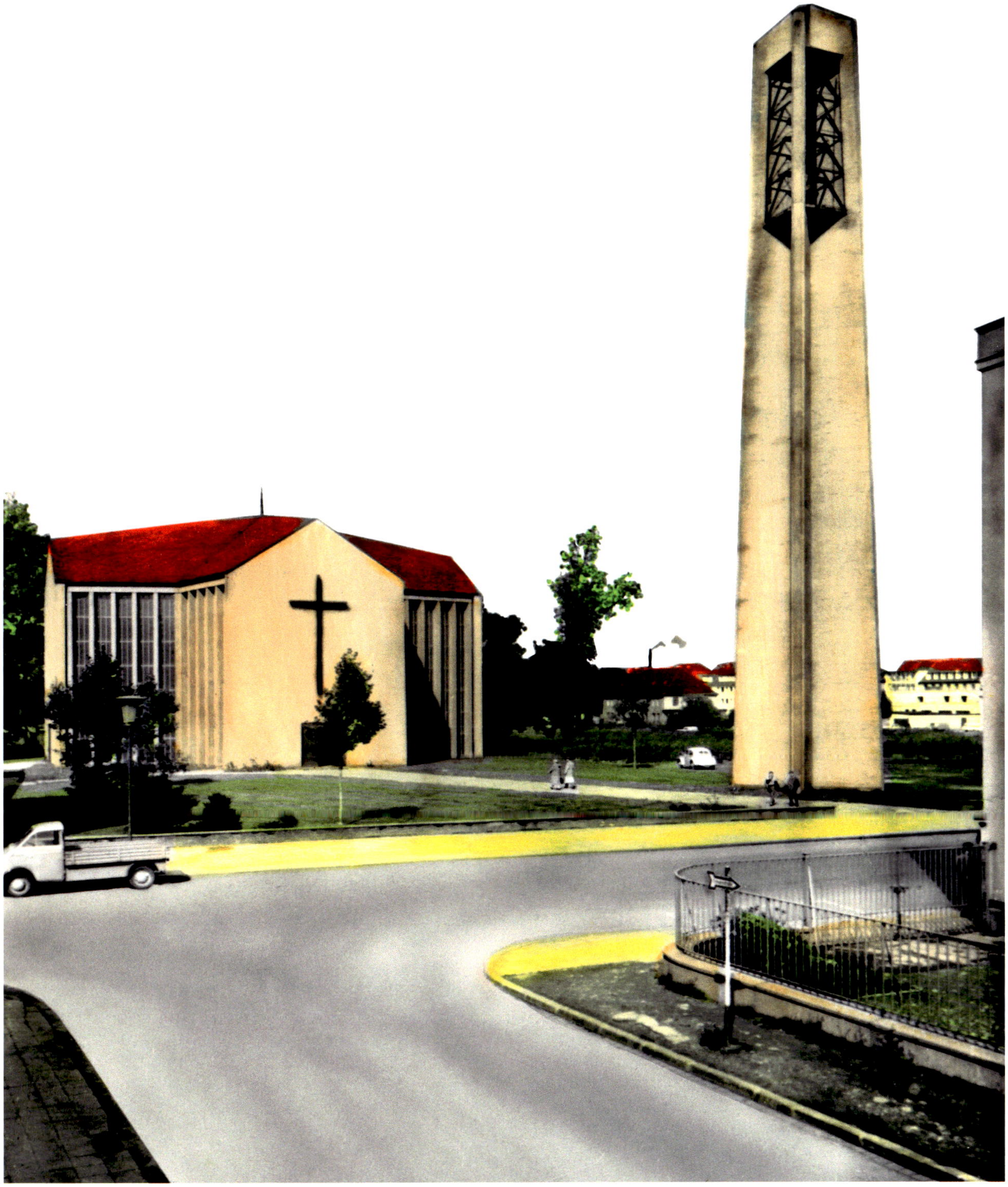

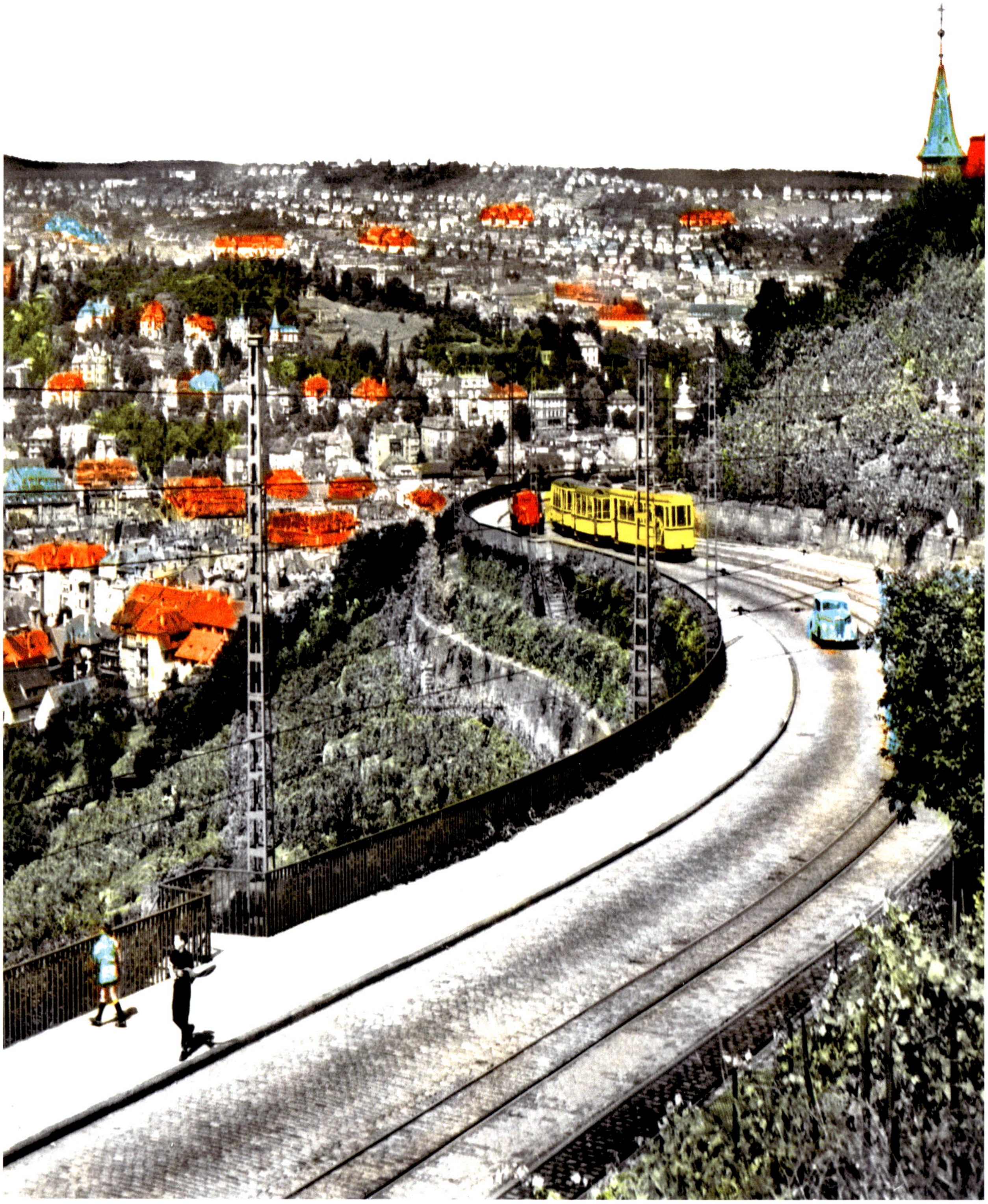

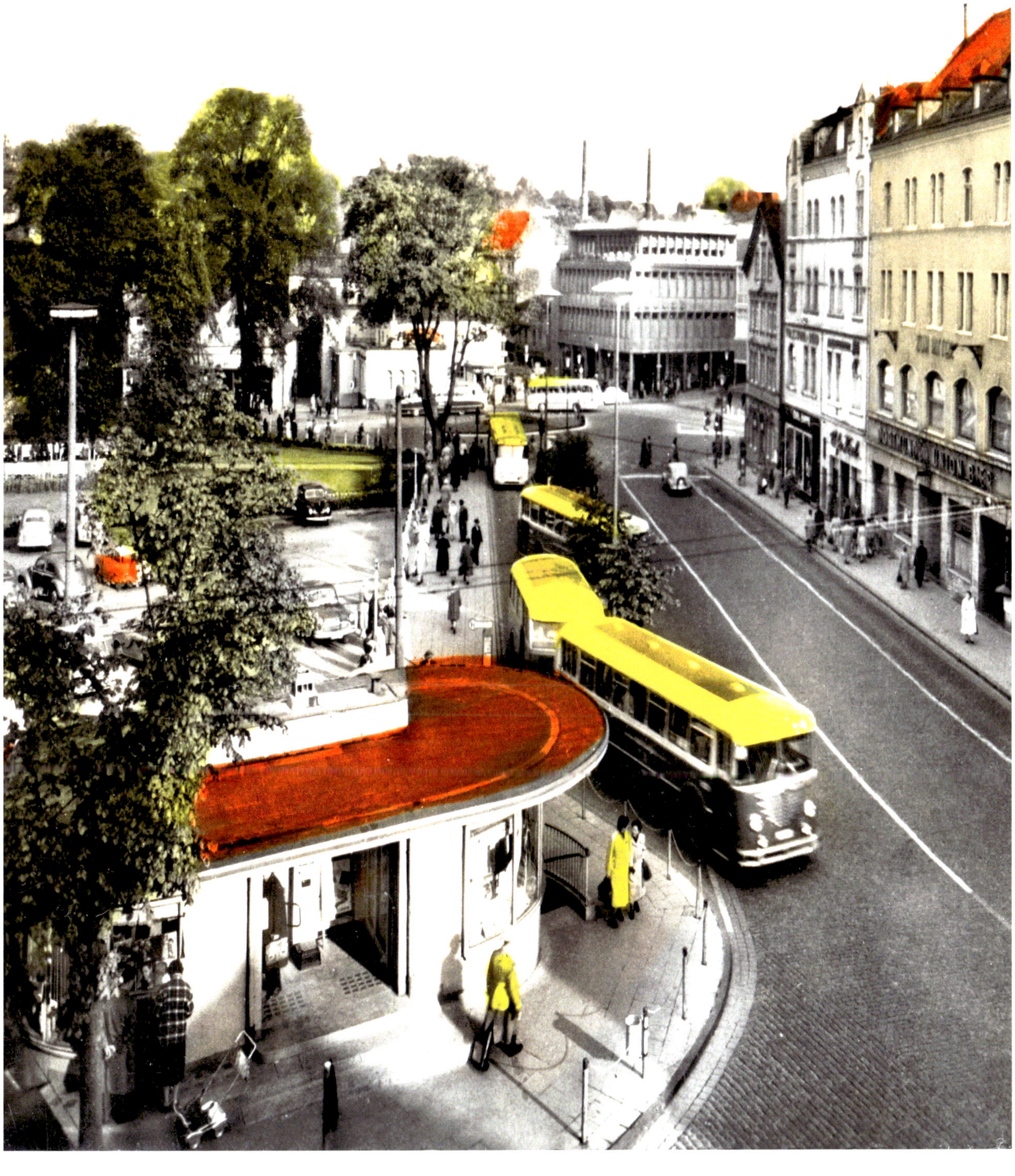

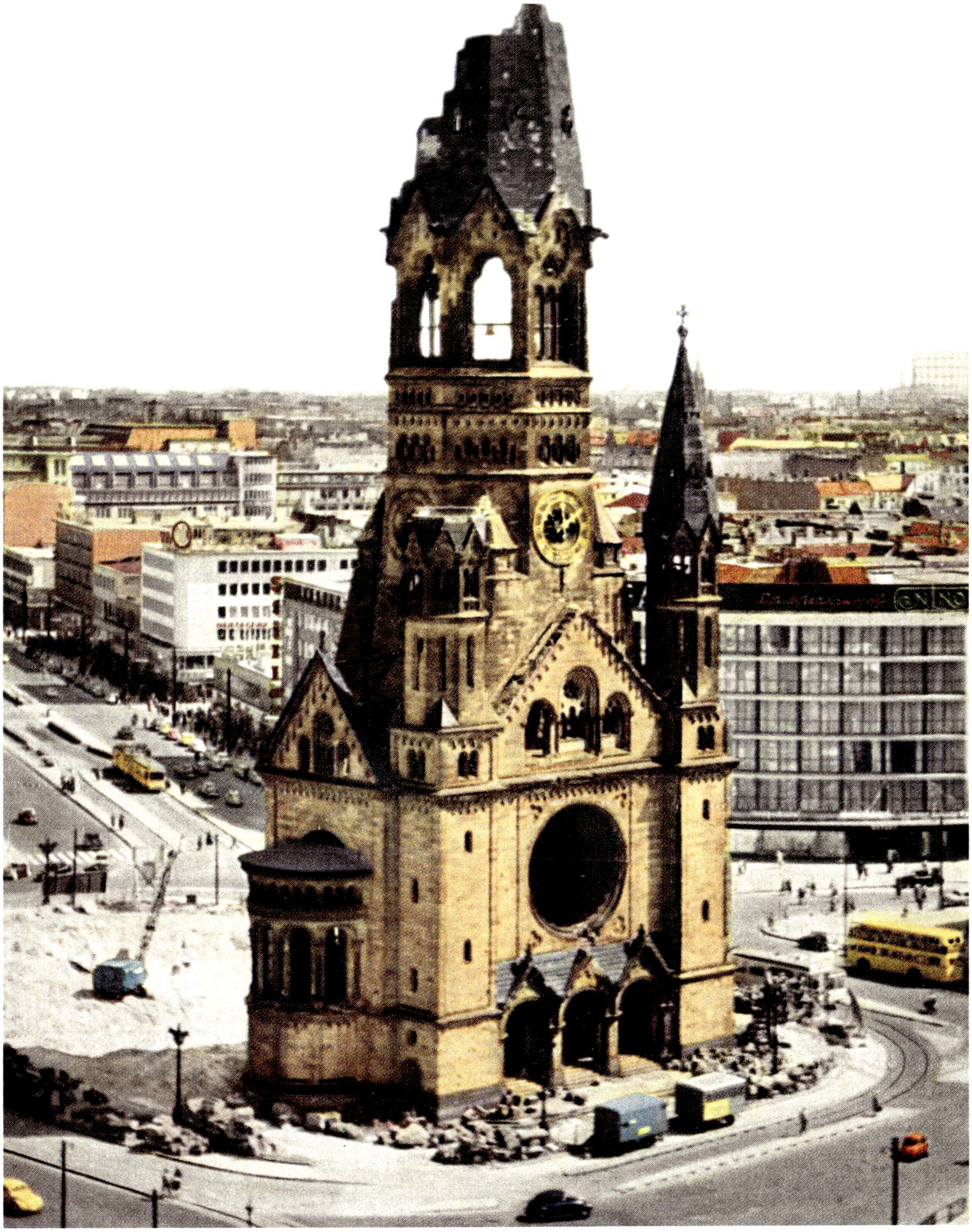

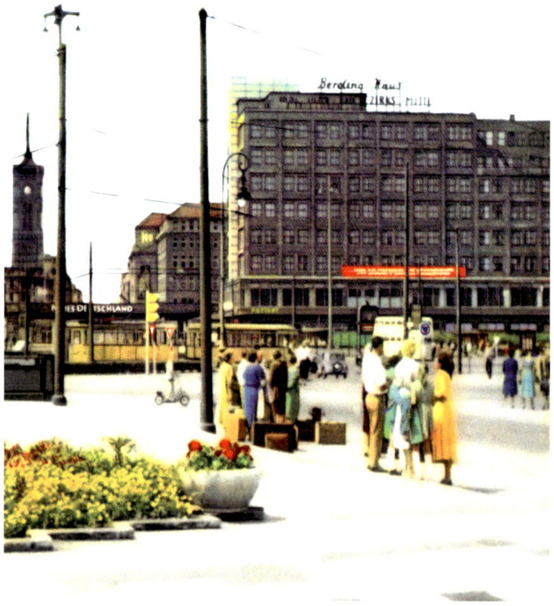

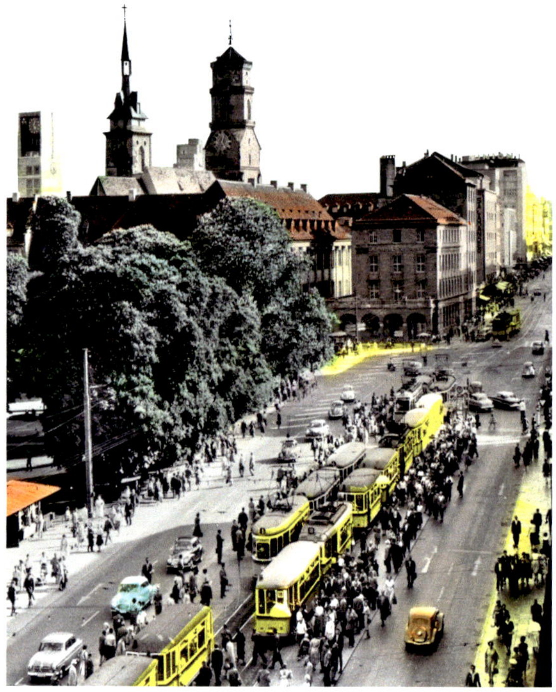

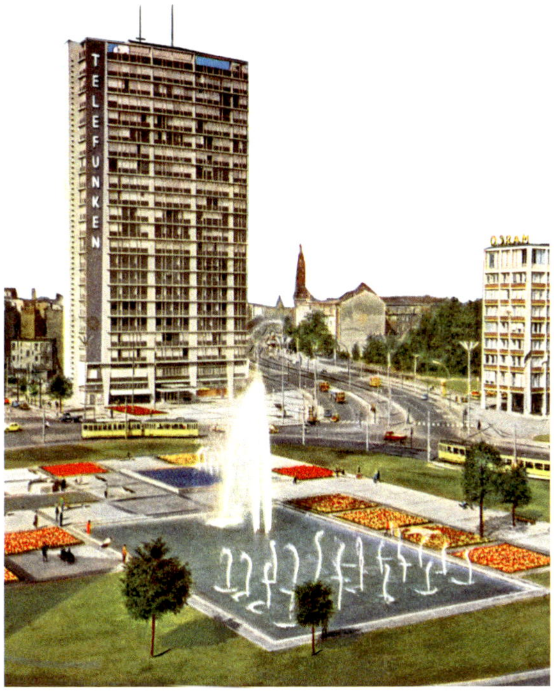
TELEFUNKEN
OSRAM

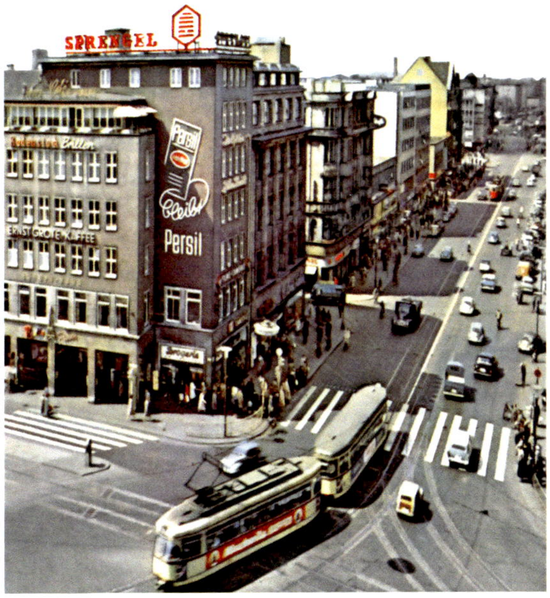
SPRENGEL
Persil
ERNST GROTE KAFFEE
Persil

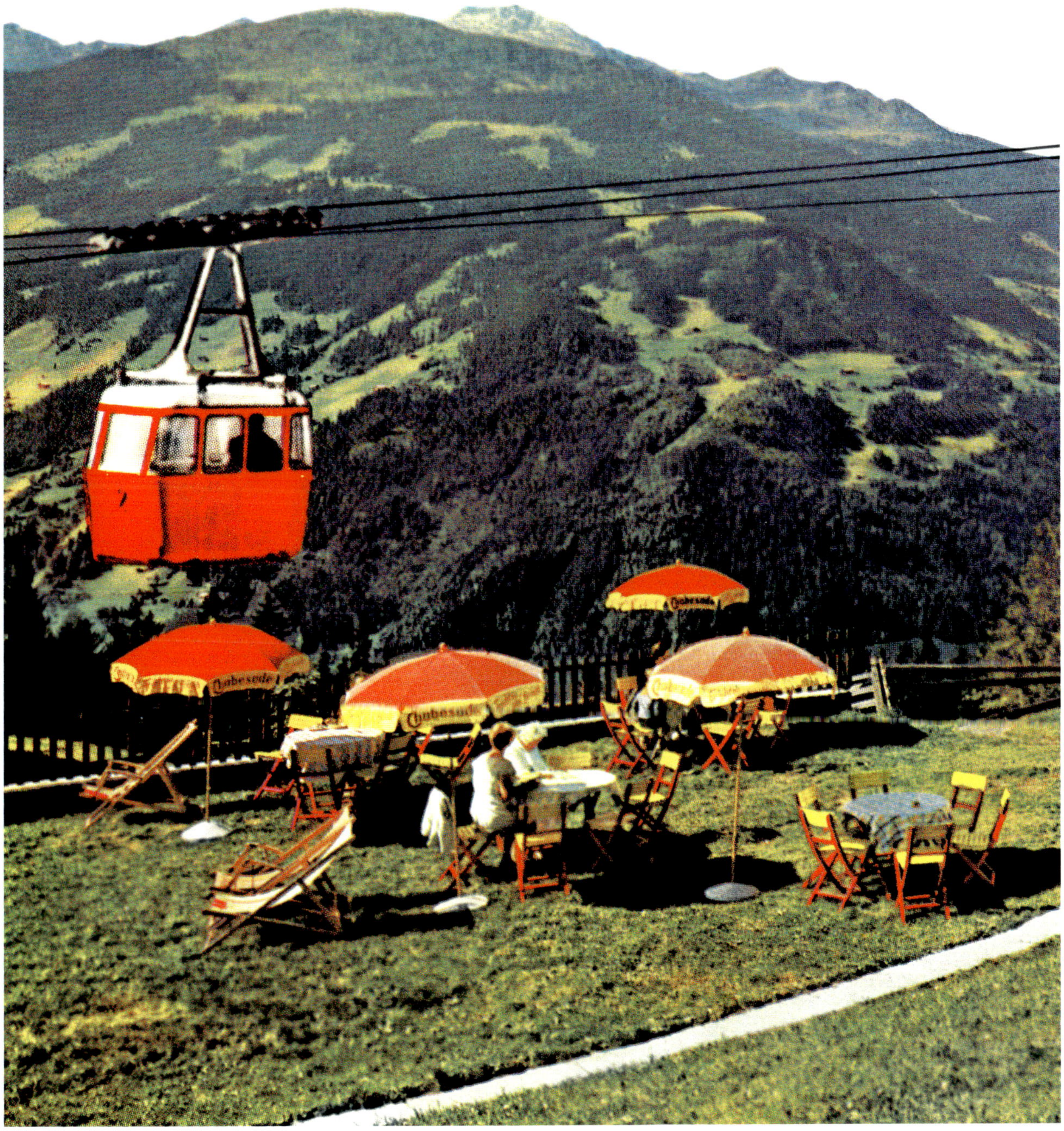

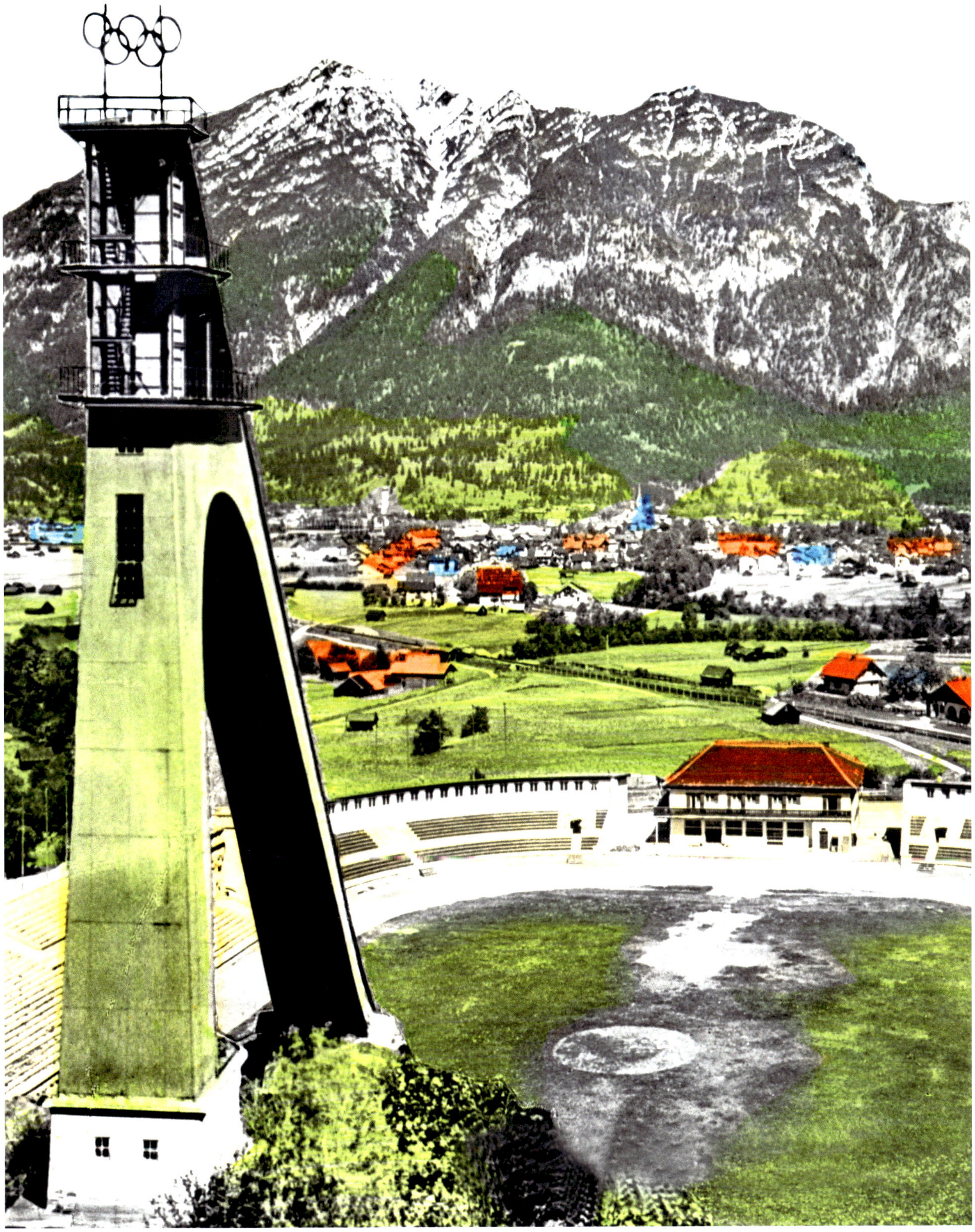

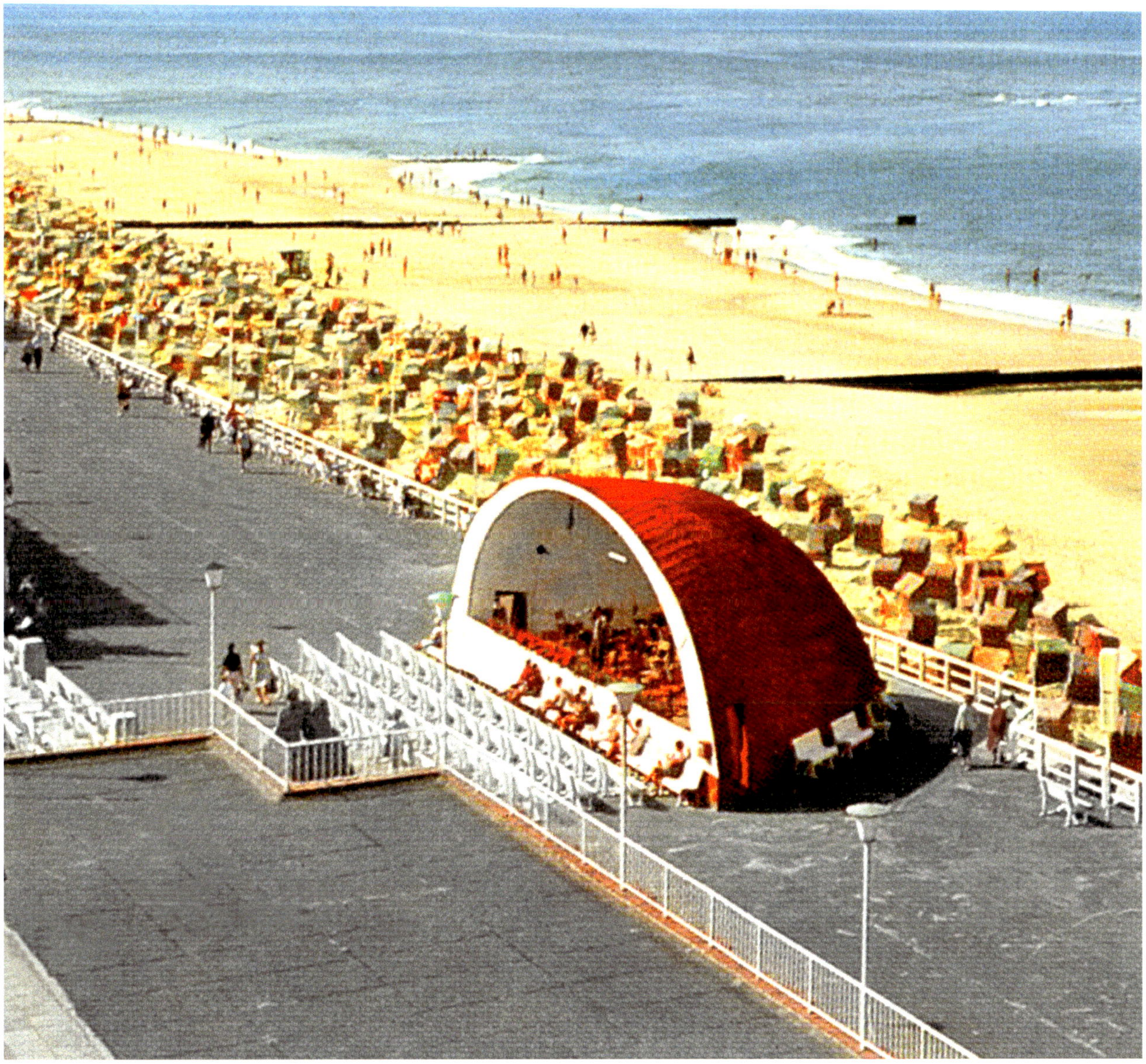

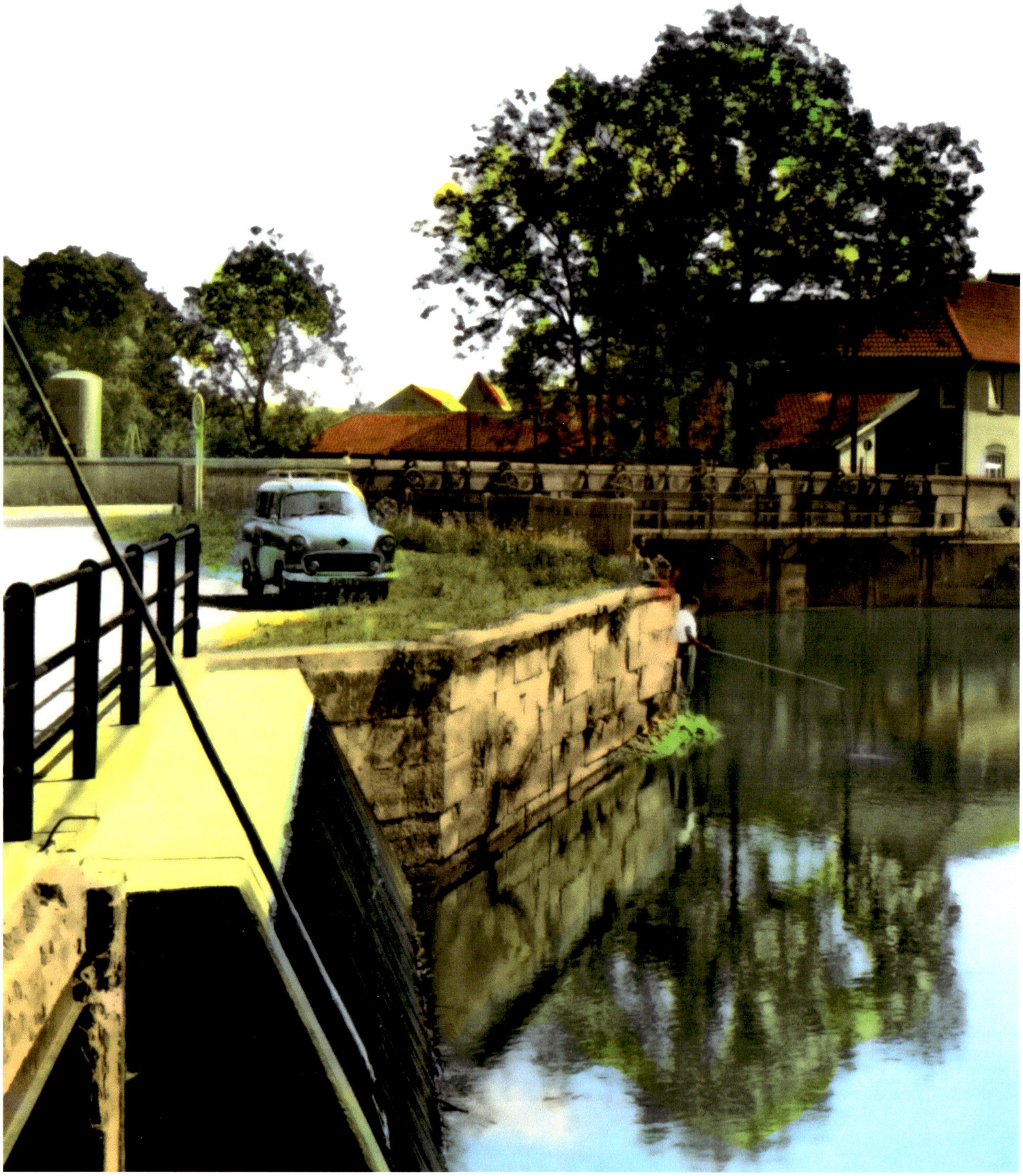

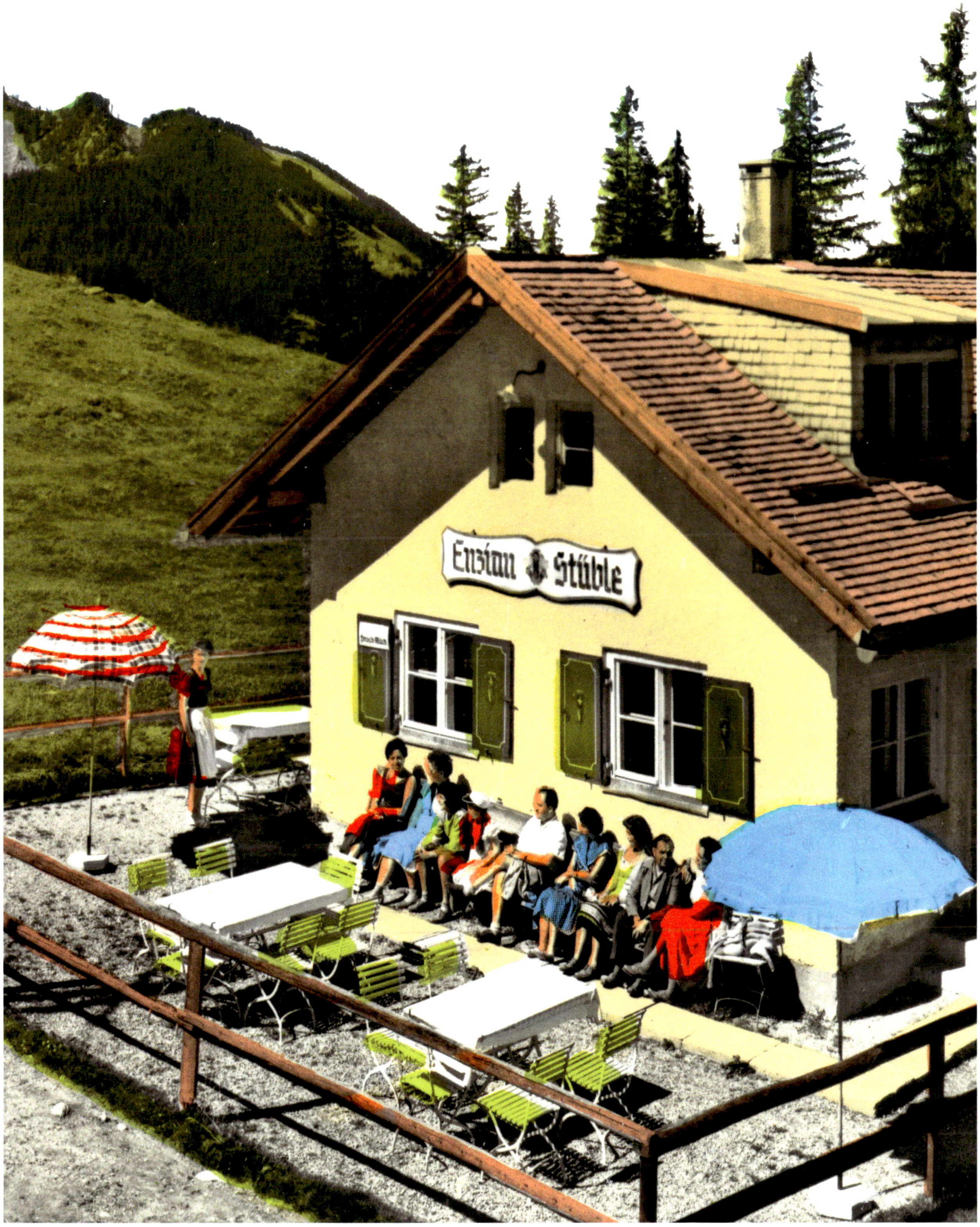
Enzian Stüble

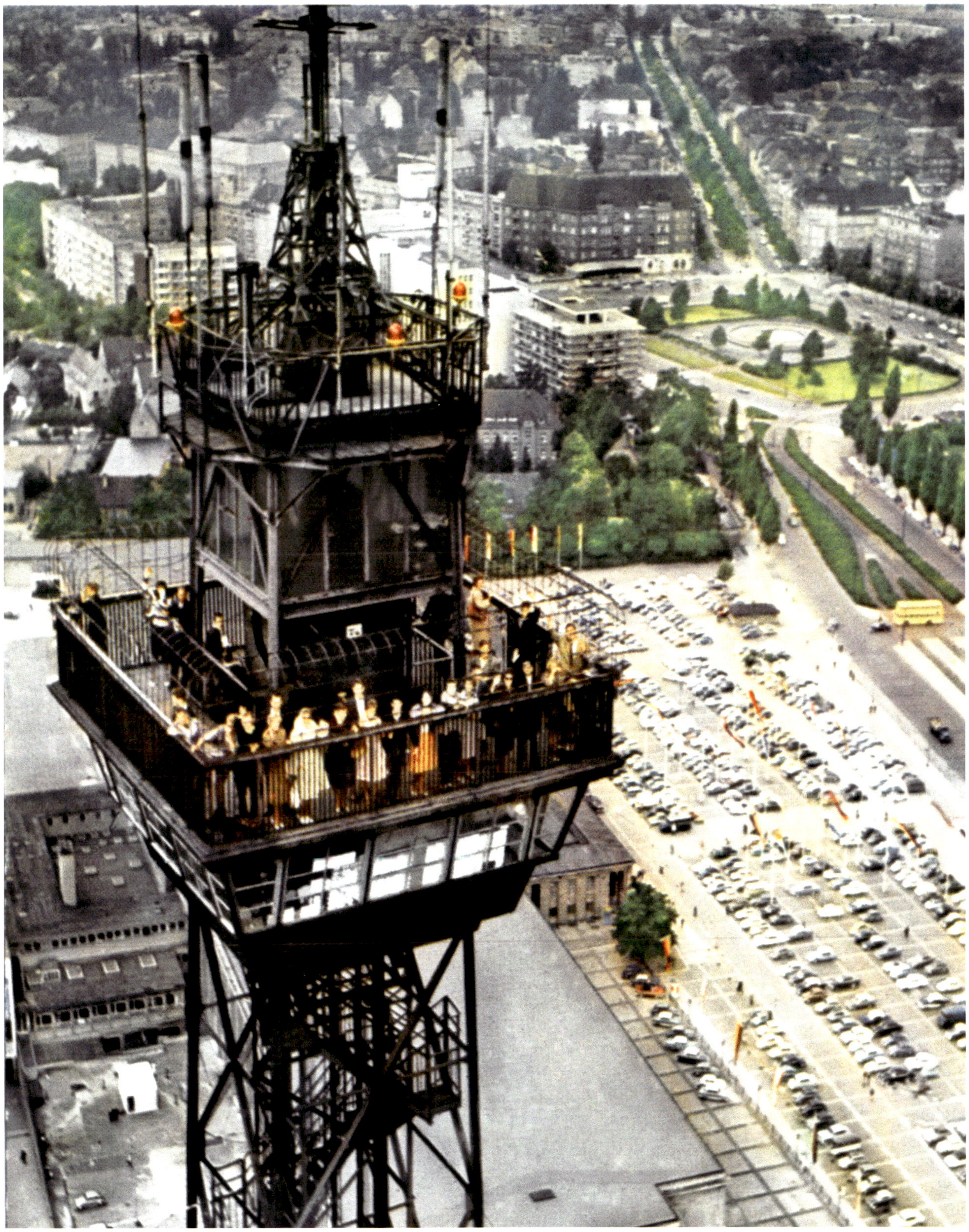

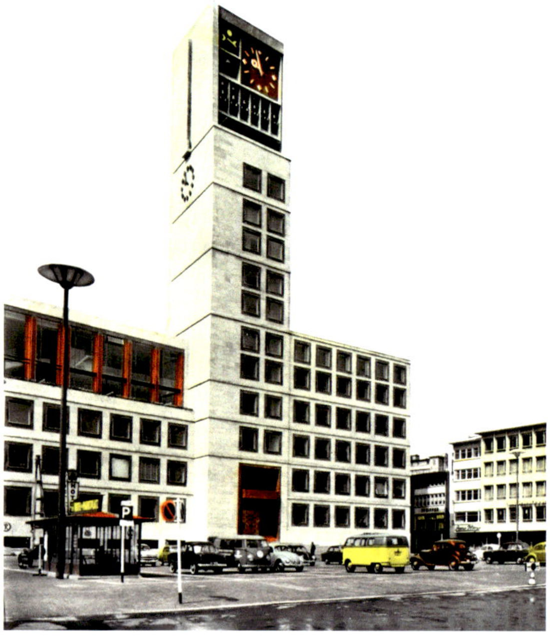

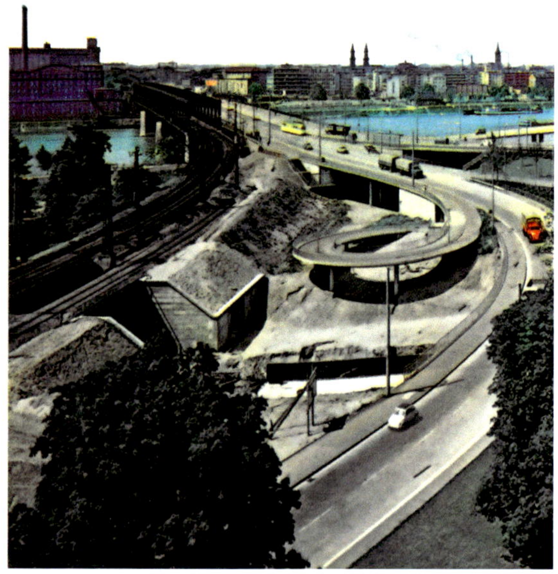

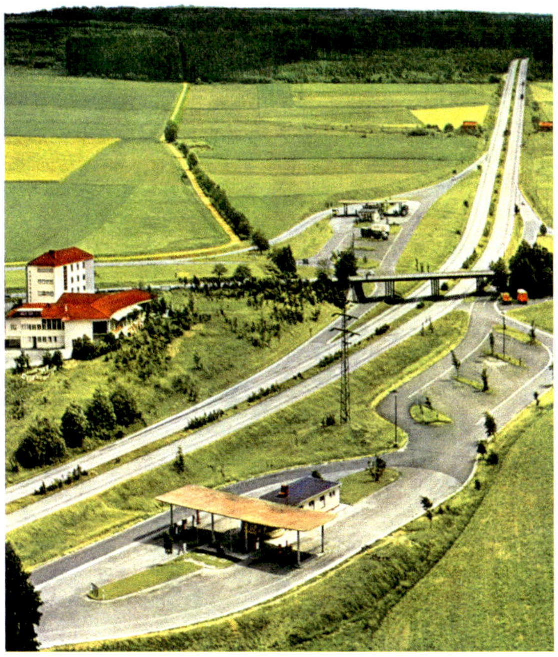

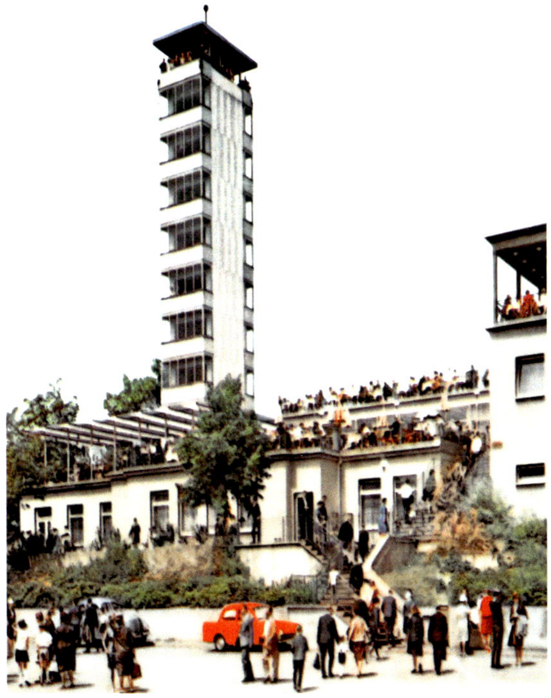

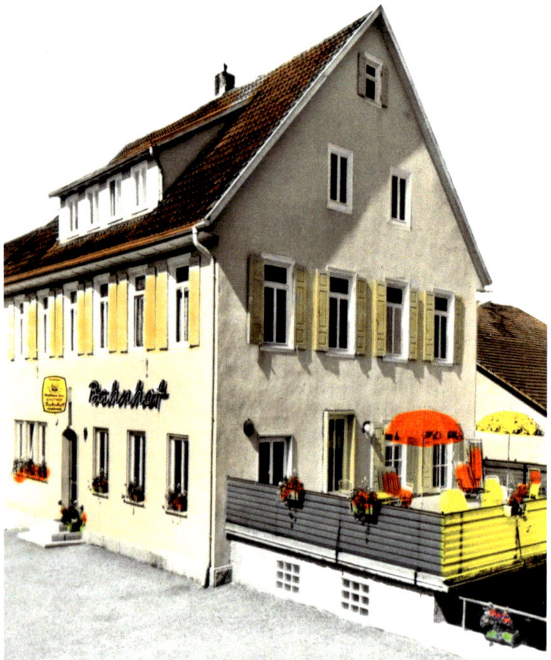
Bahnhof

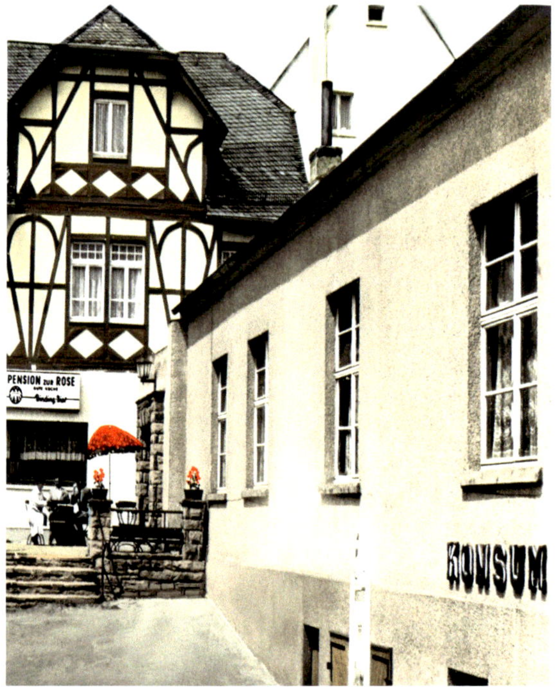
PENSION ZUR ROSE

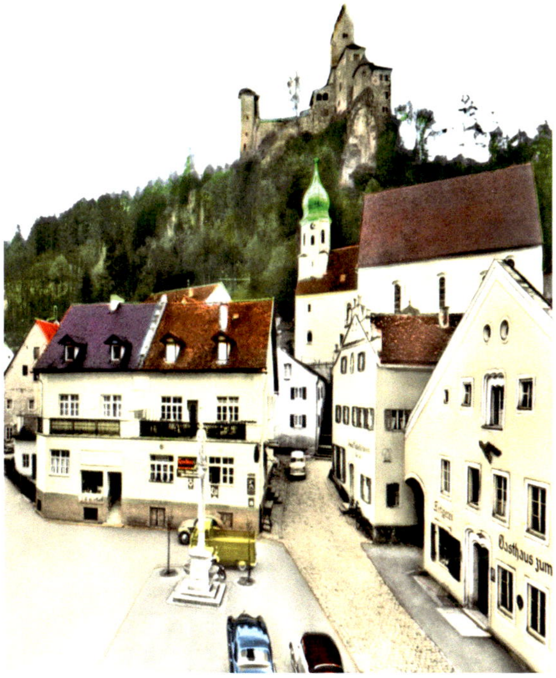
Gasthaus zum

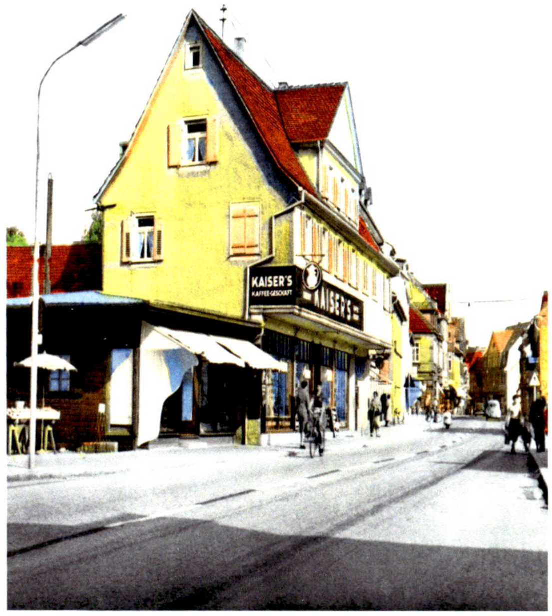
KAISER'S

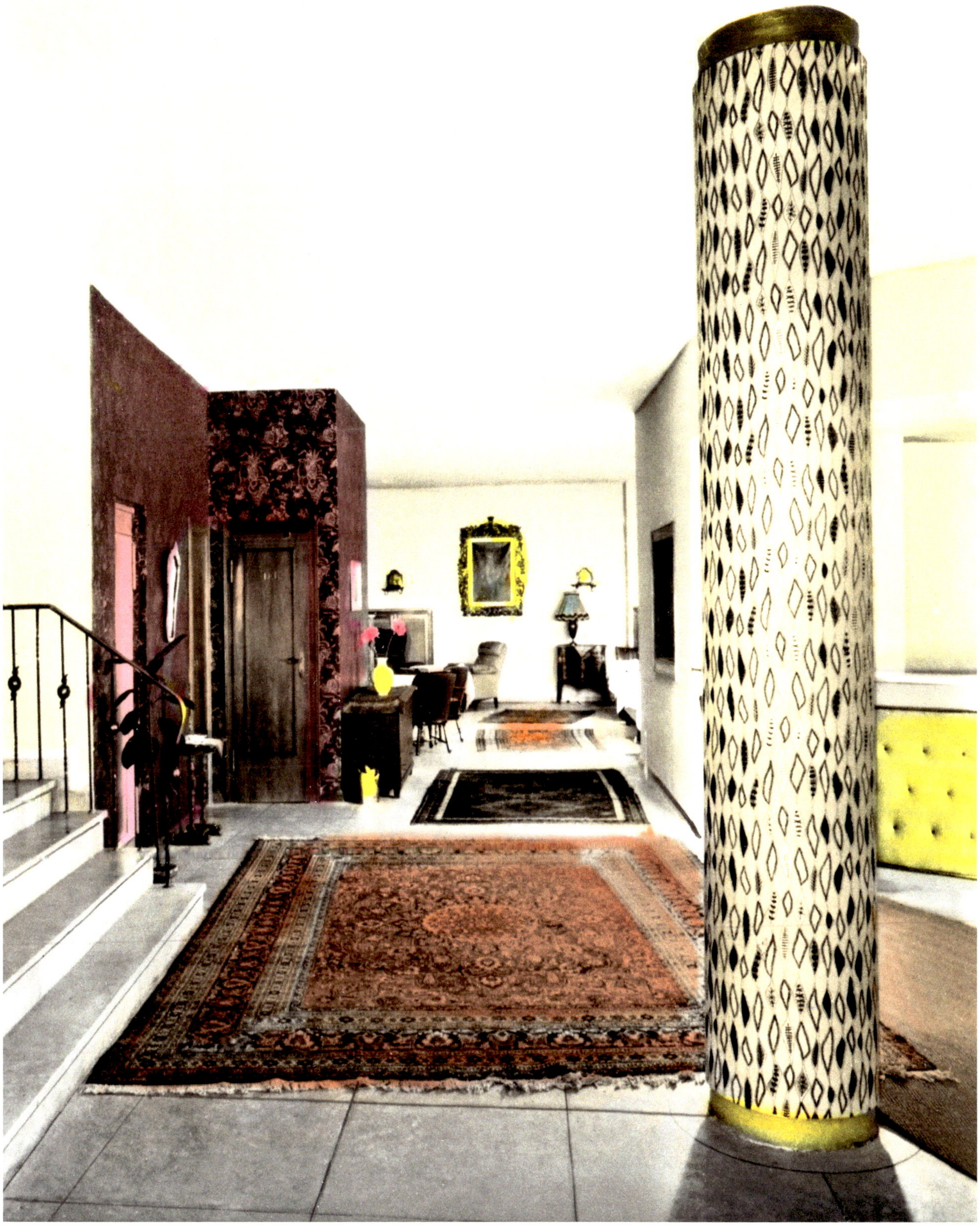

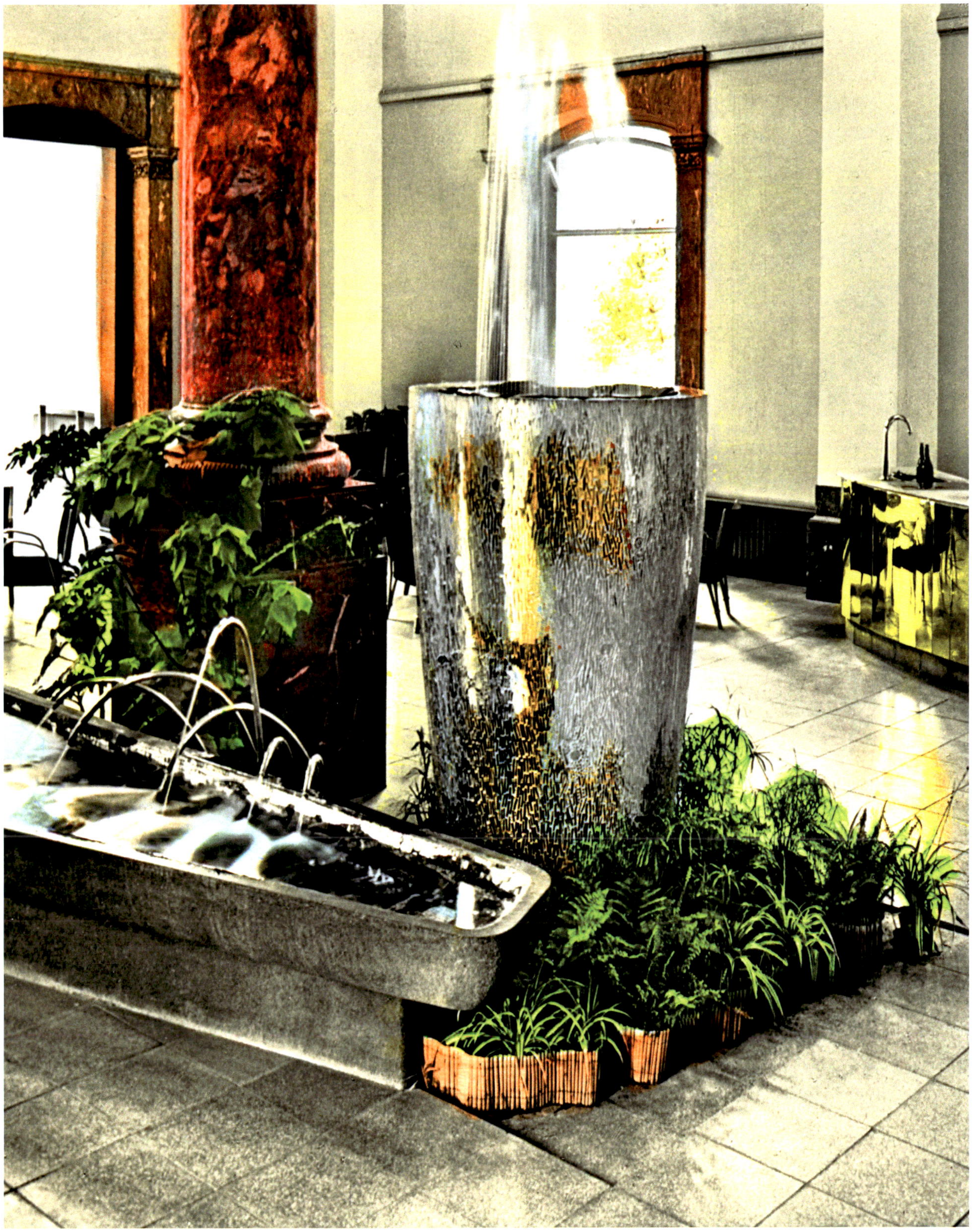

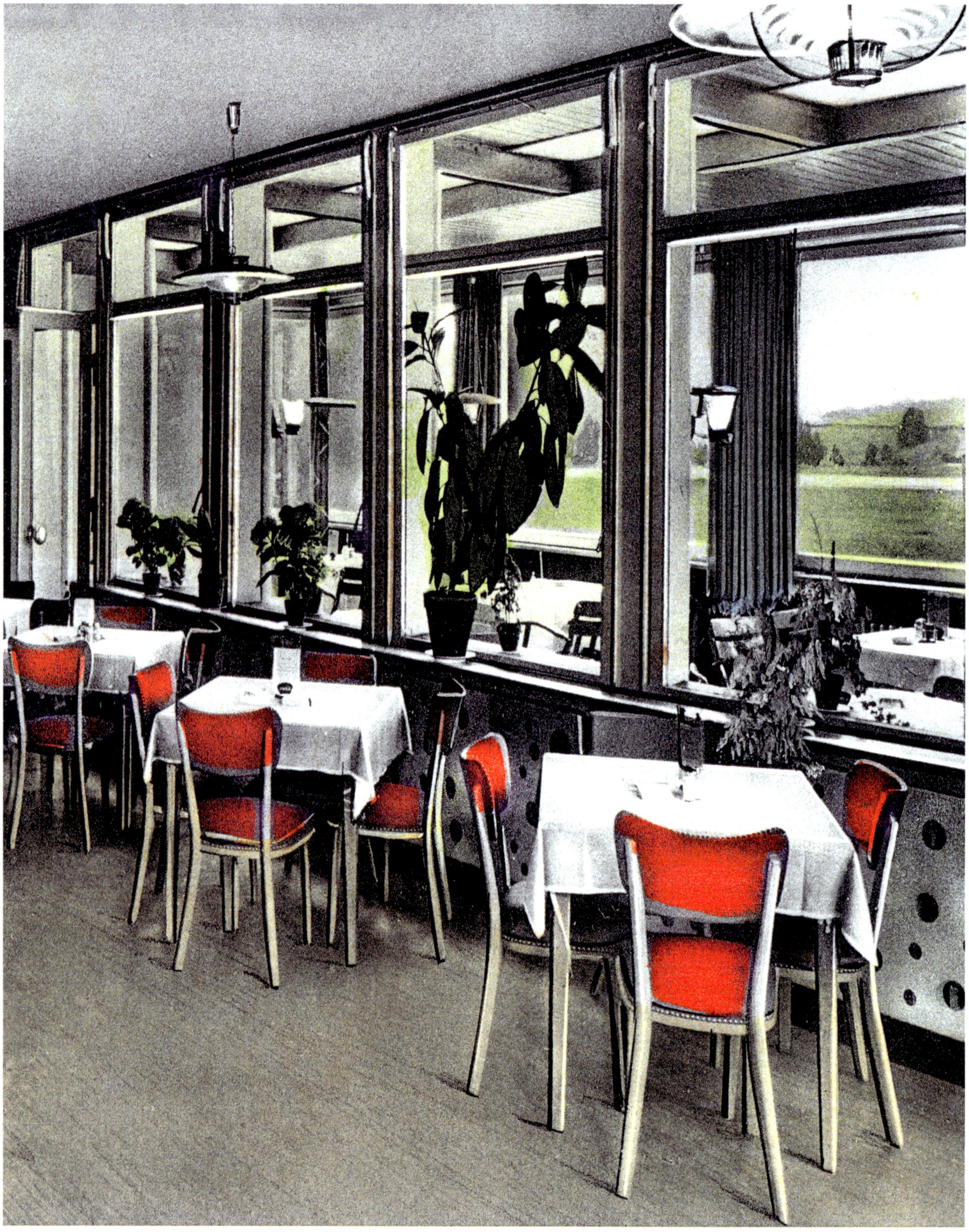

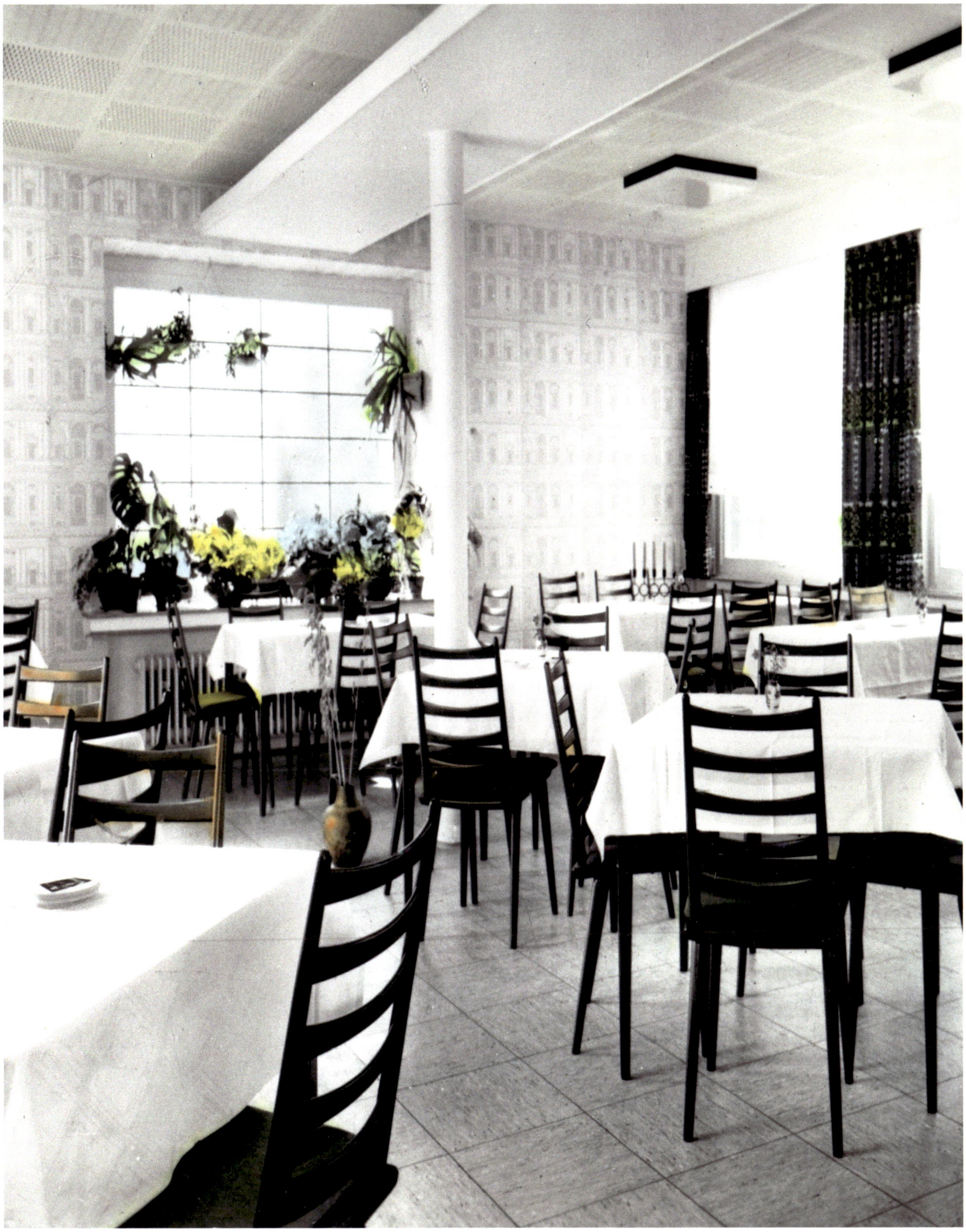

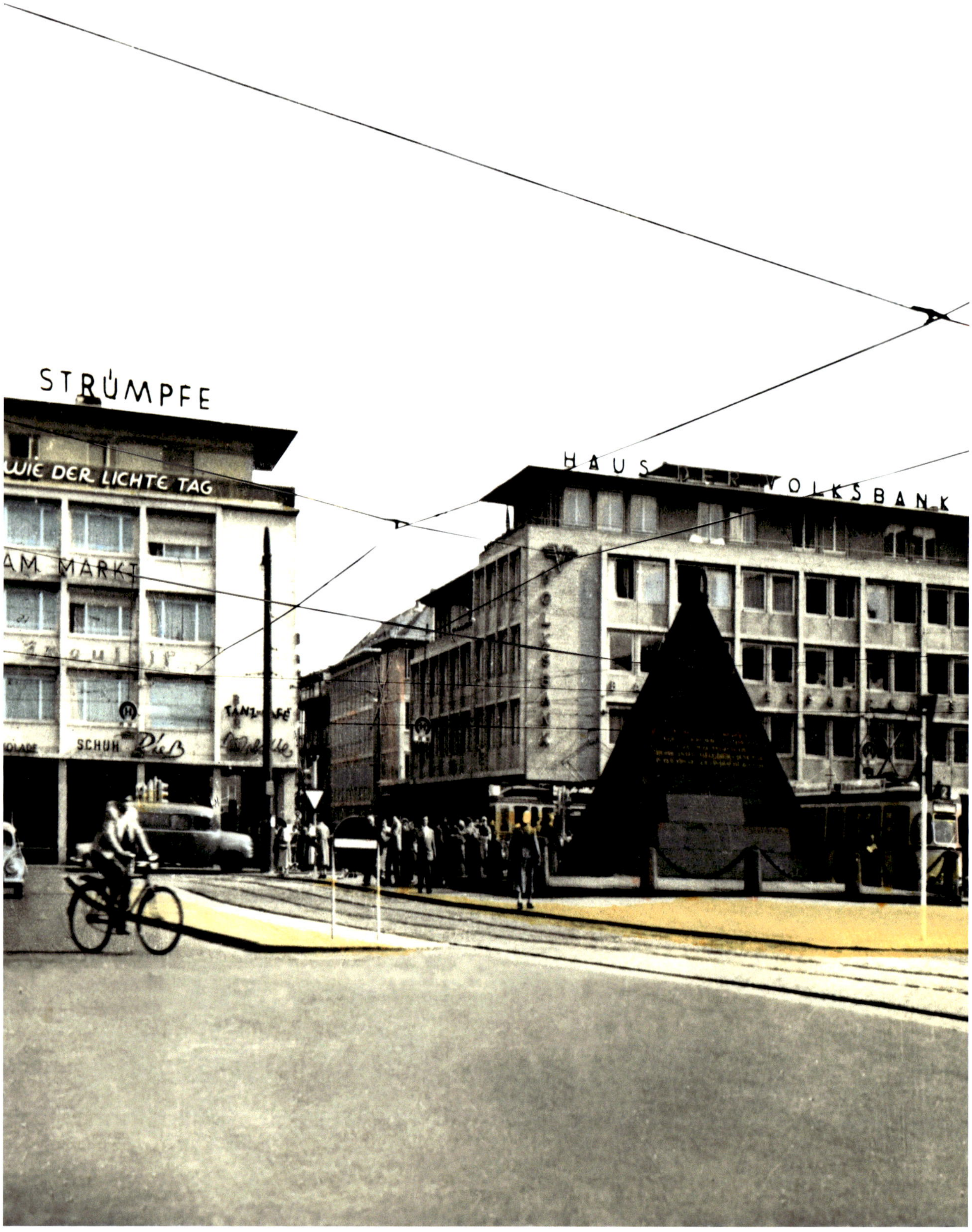
STRÜMPFE
WIE DER LICHTE TAG
AM MARKT
SCHUH
HAUS DER VOLKSBANK

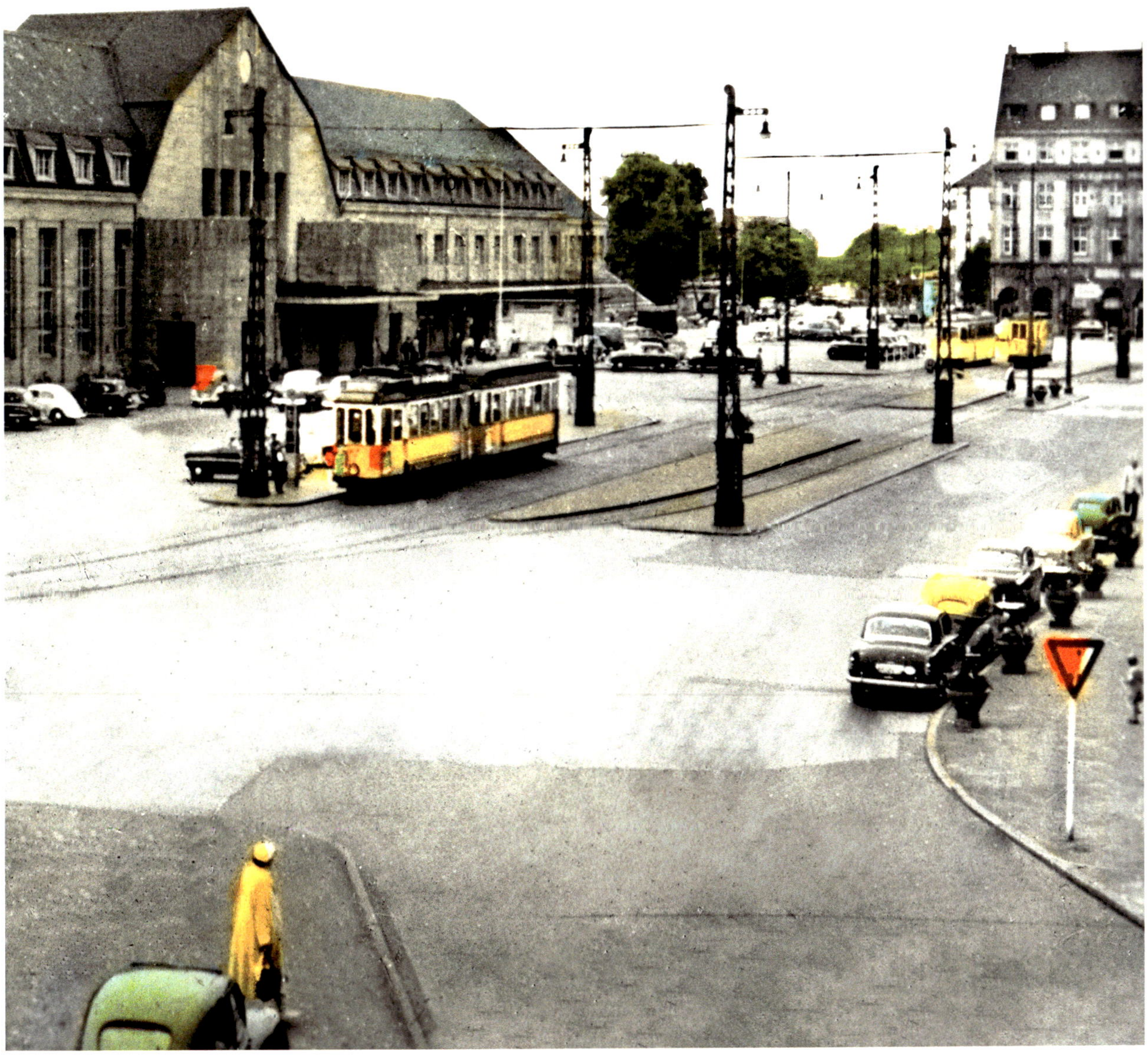

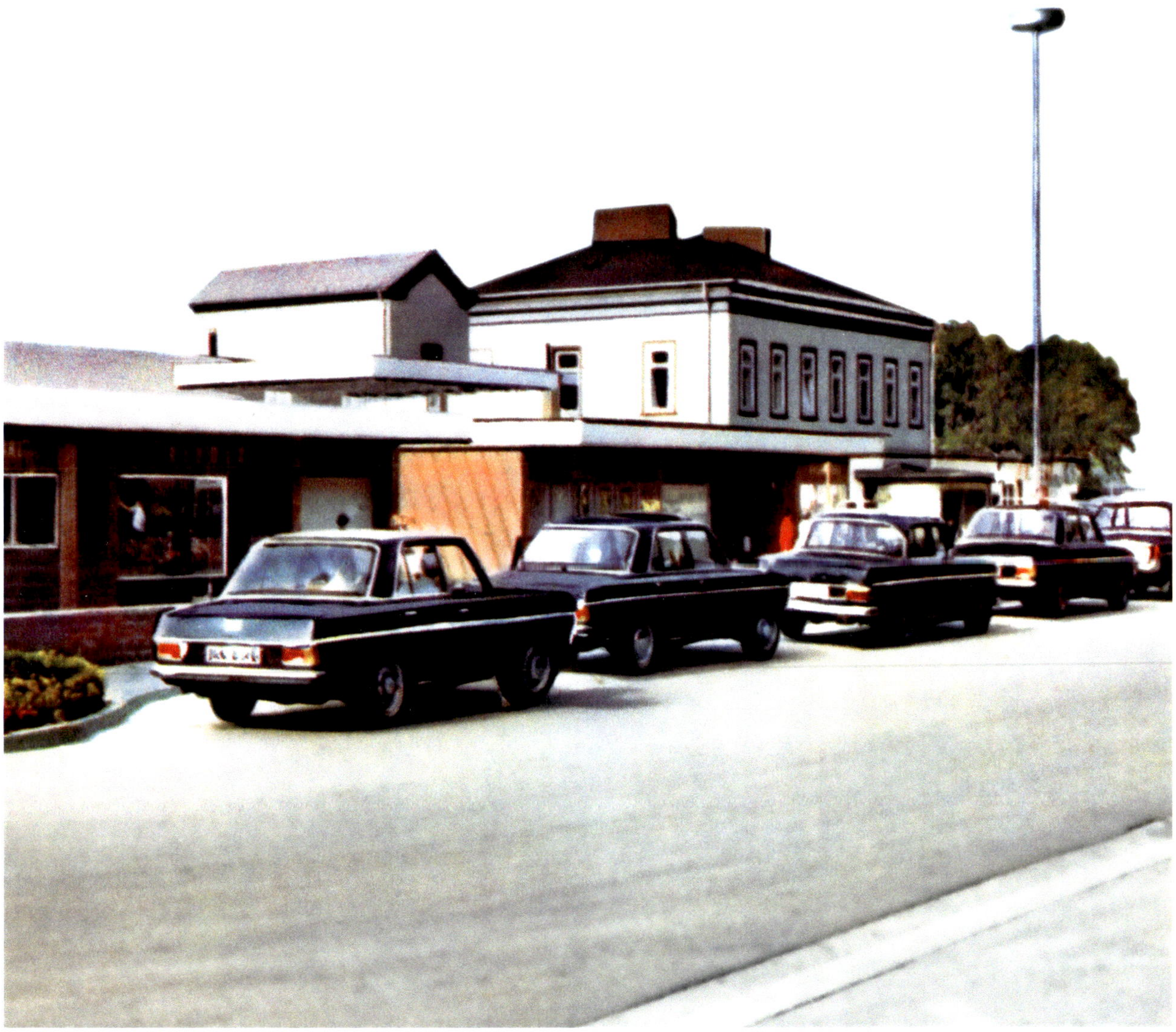

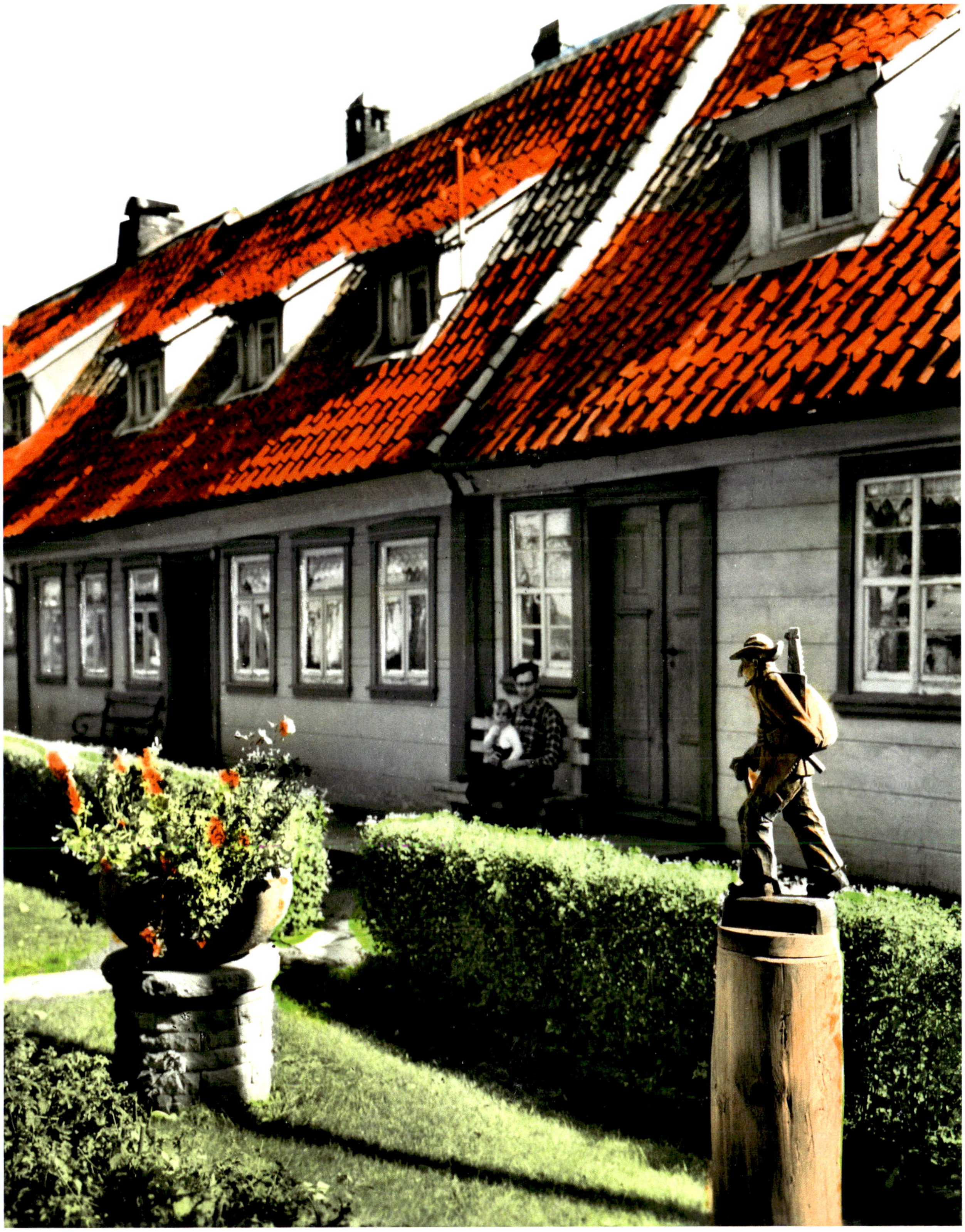

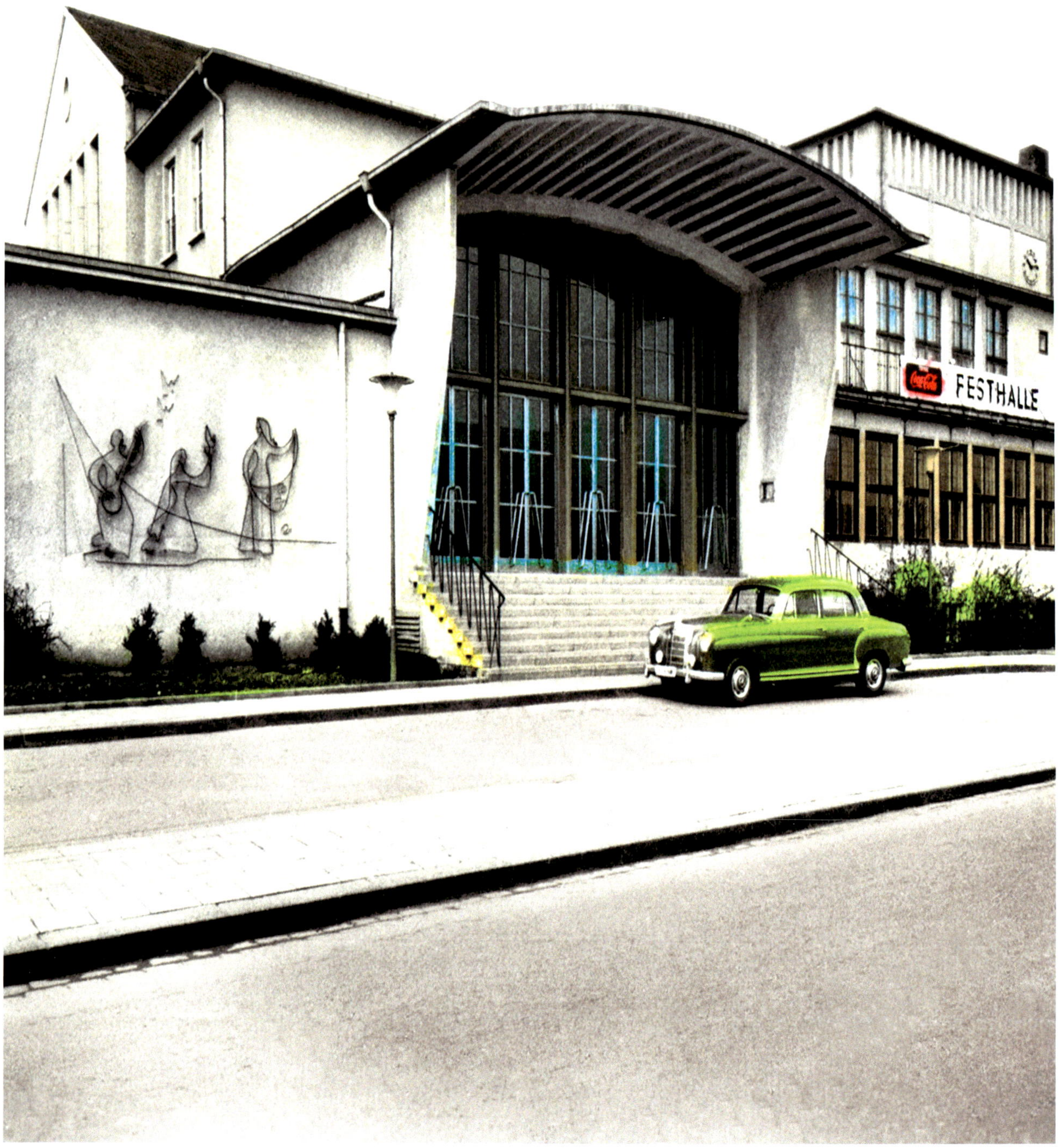
FESTHALLE

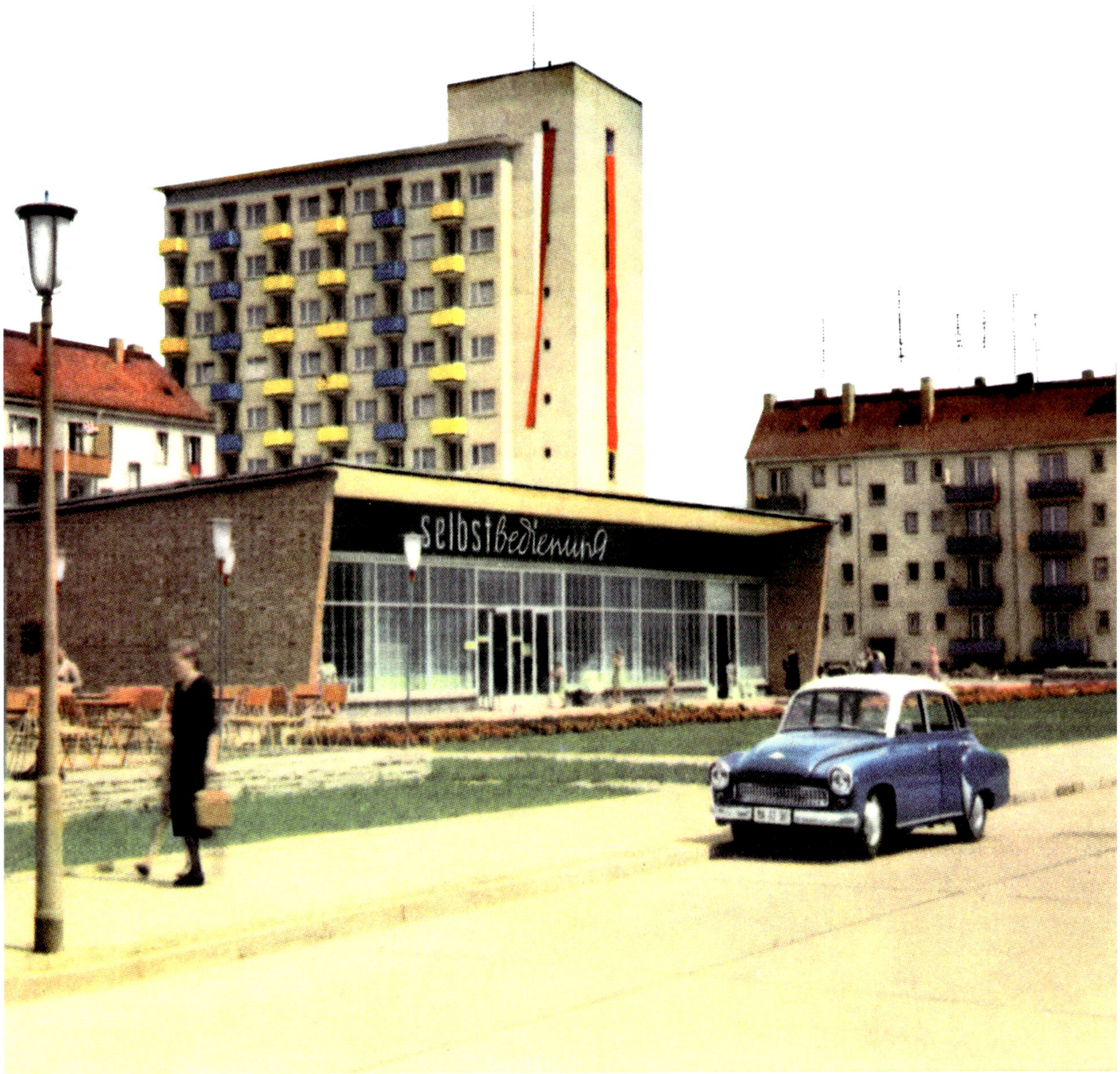
Selbstbedienung

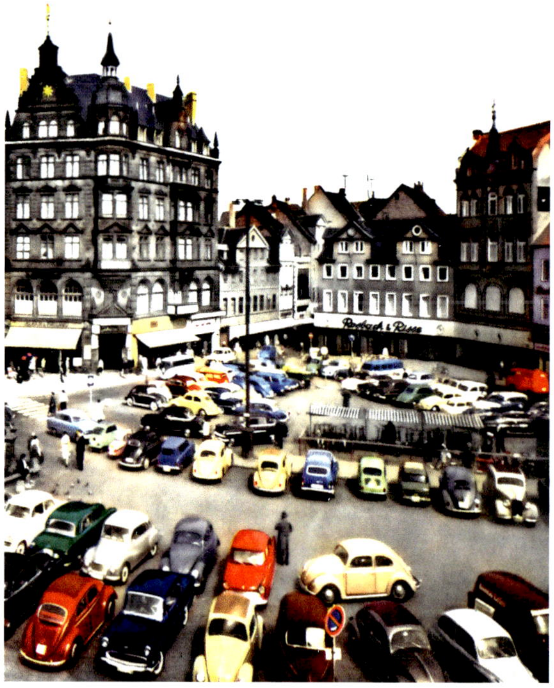

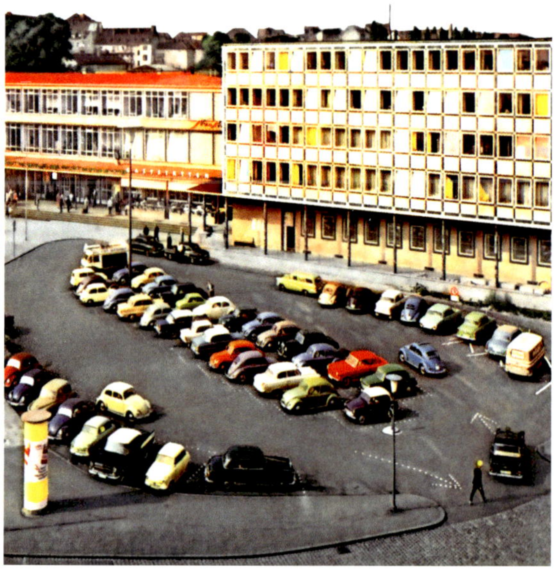

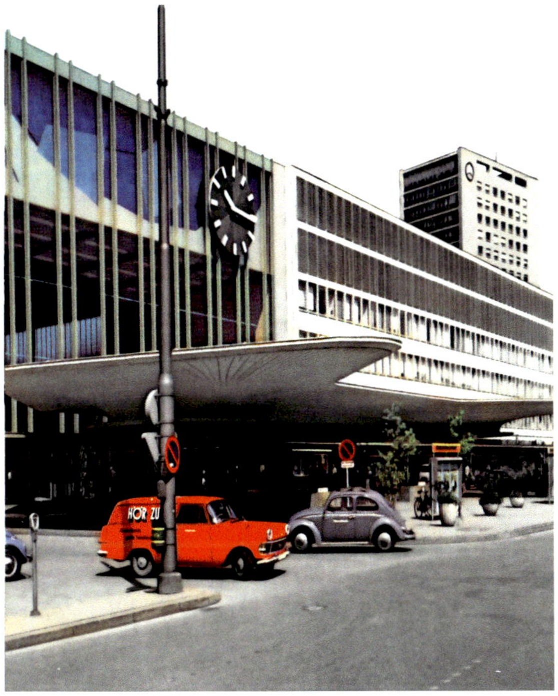
HÖR ZU

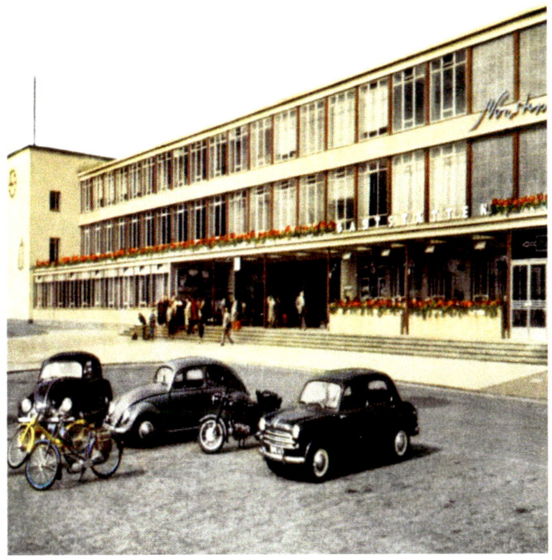

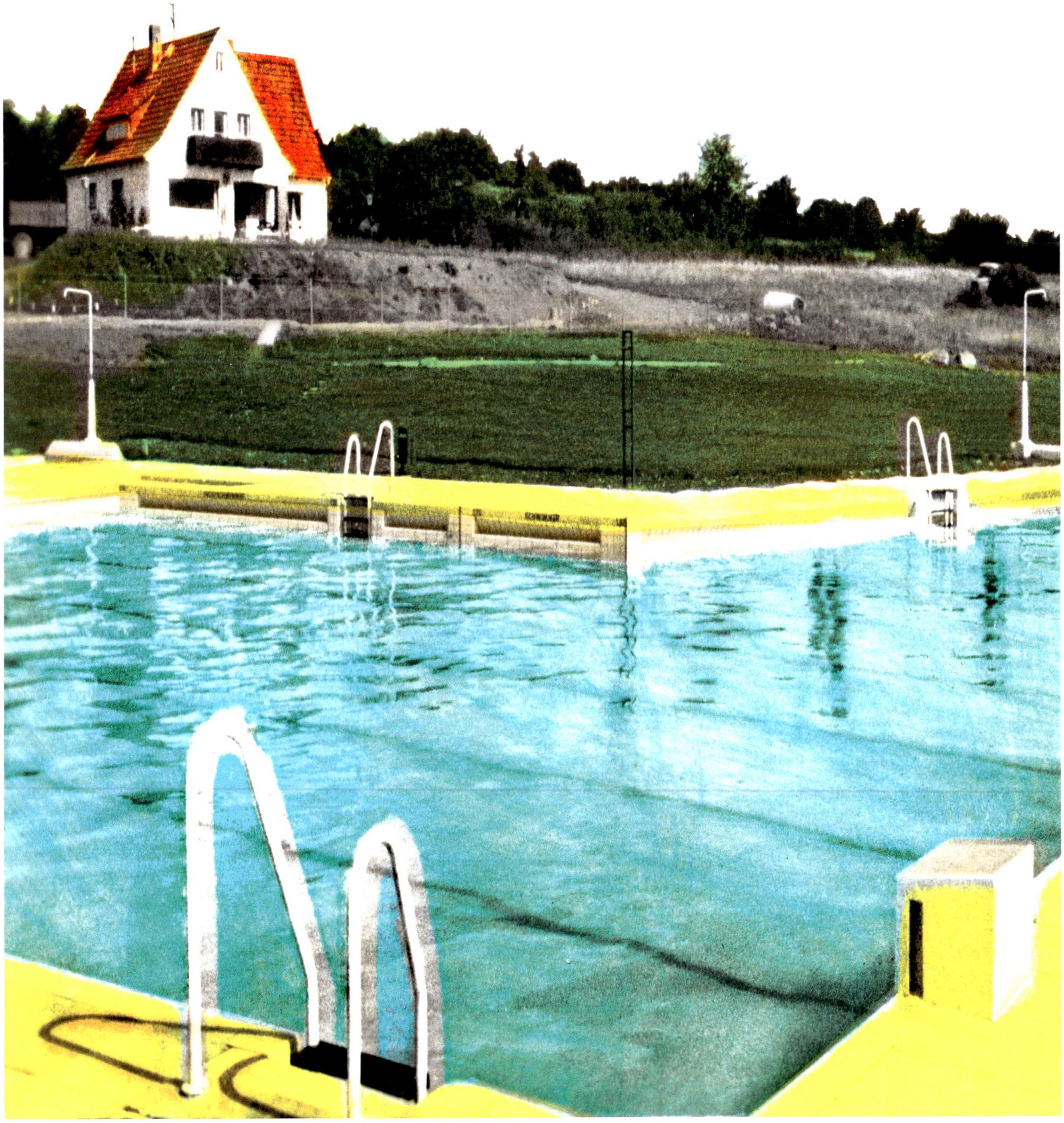

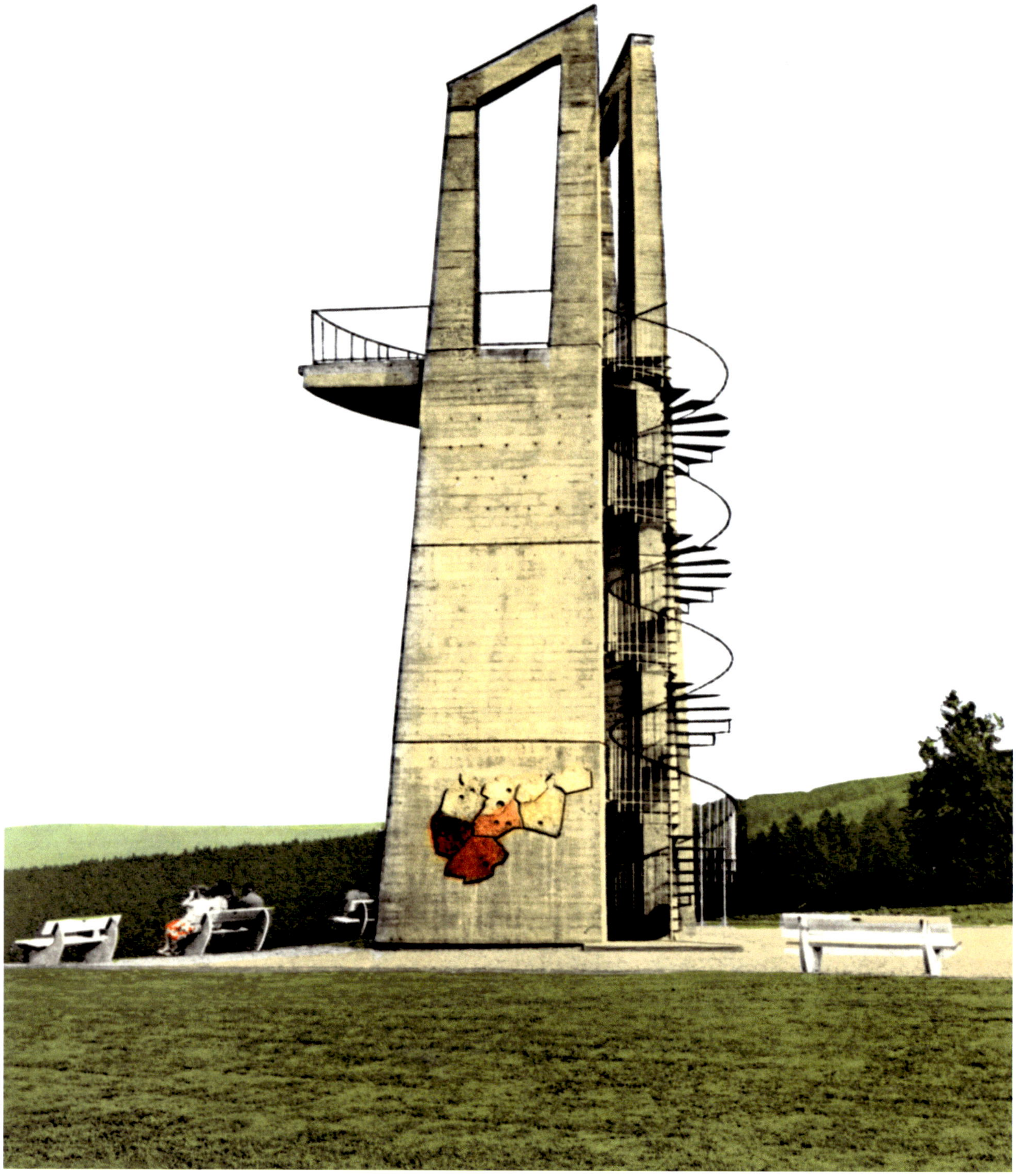

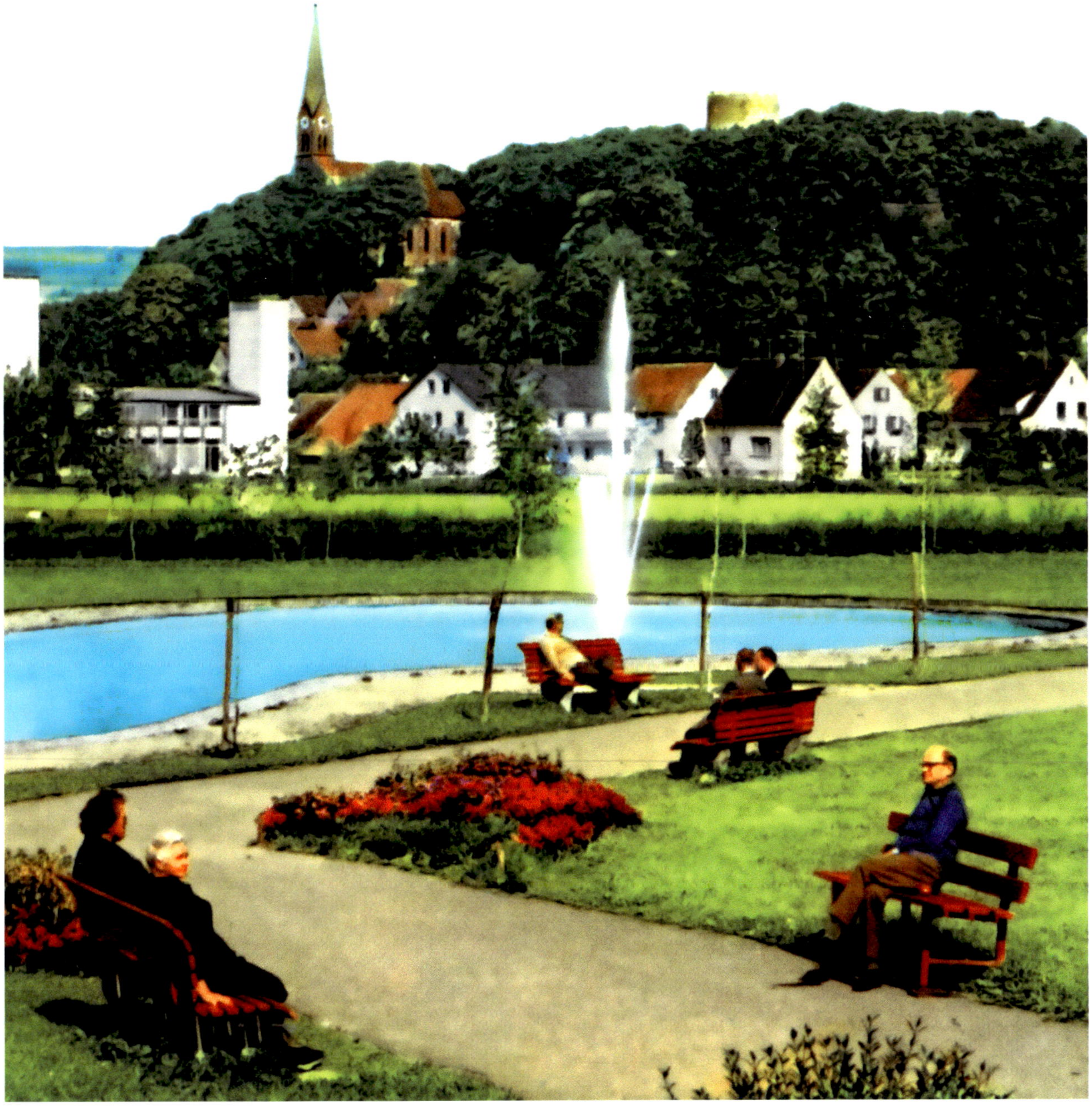

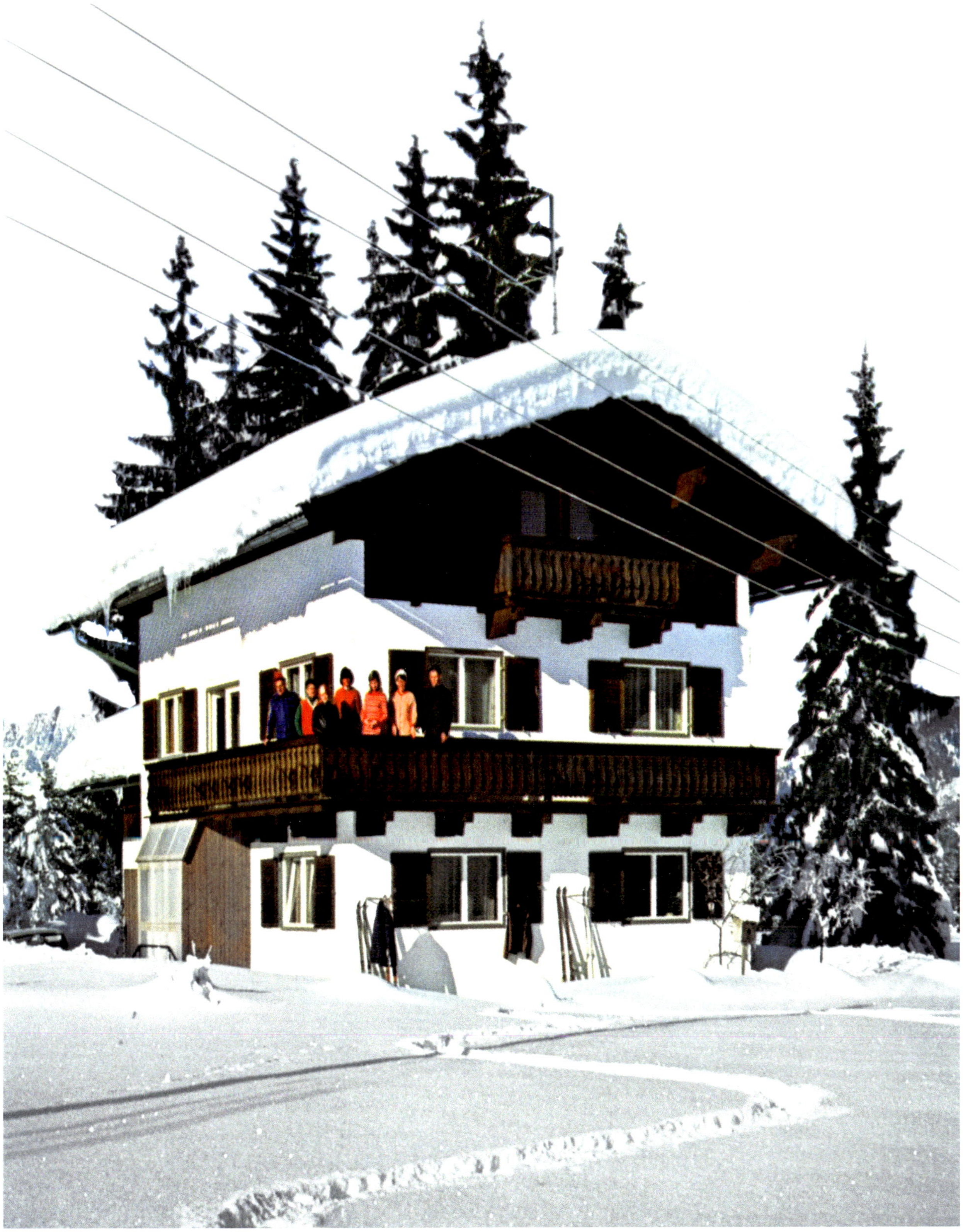

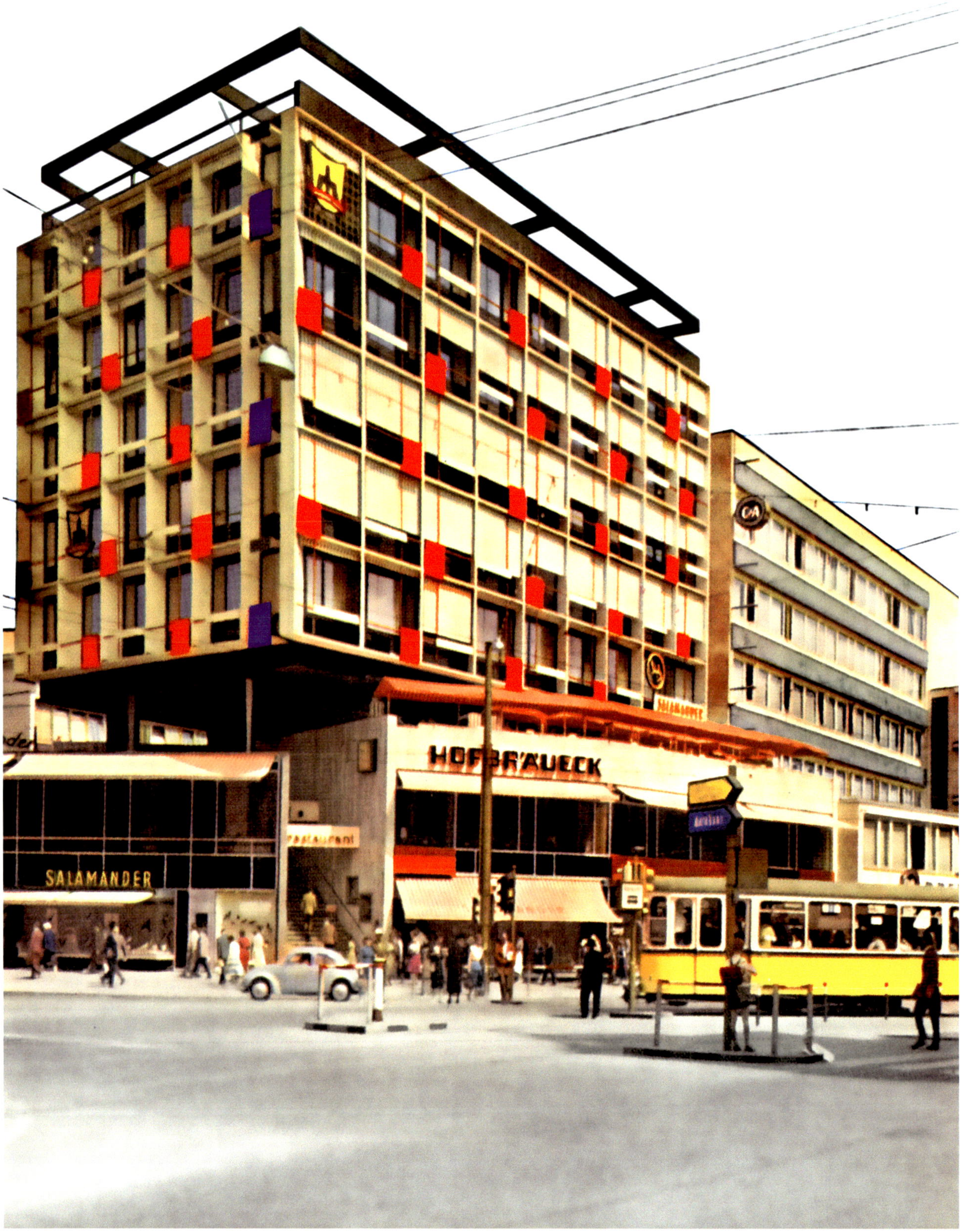
HOFBRÄUECK
SALAMANDER

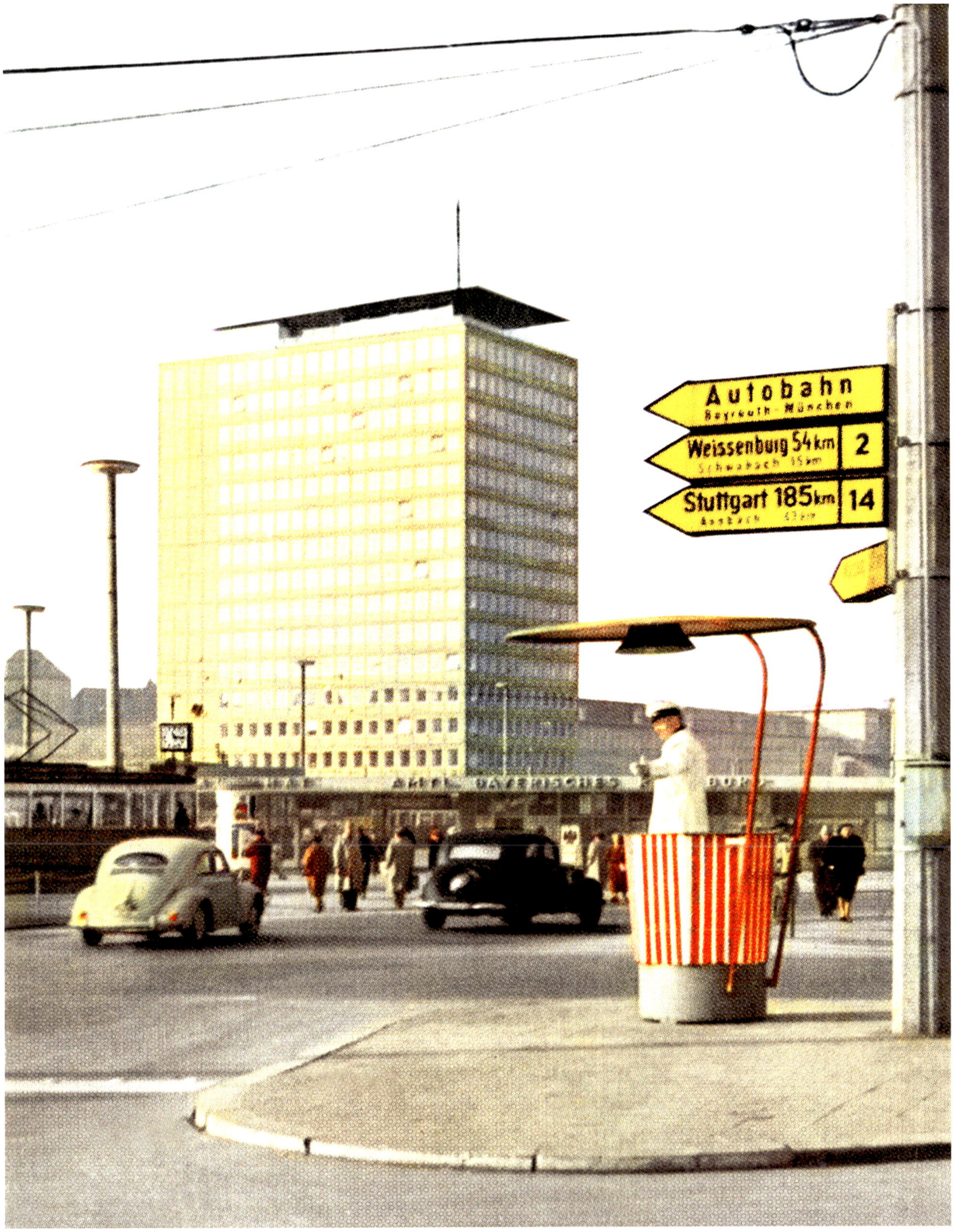
Autobahn
Bayreuth · München
Weissenburg 54 km
2
Stuttgart 185 km
14

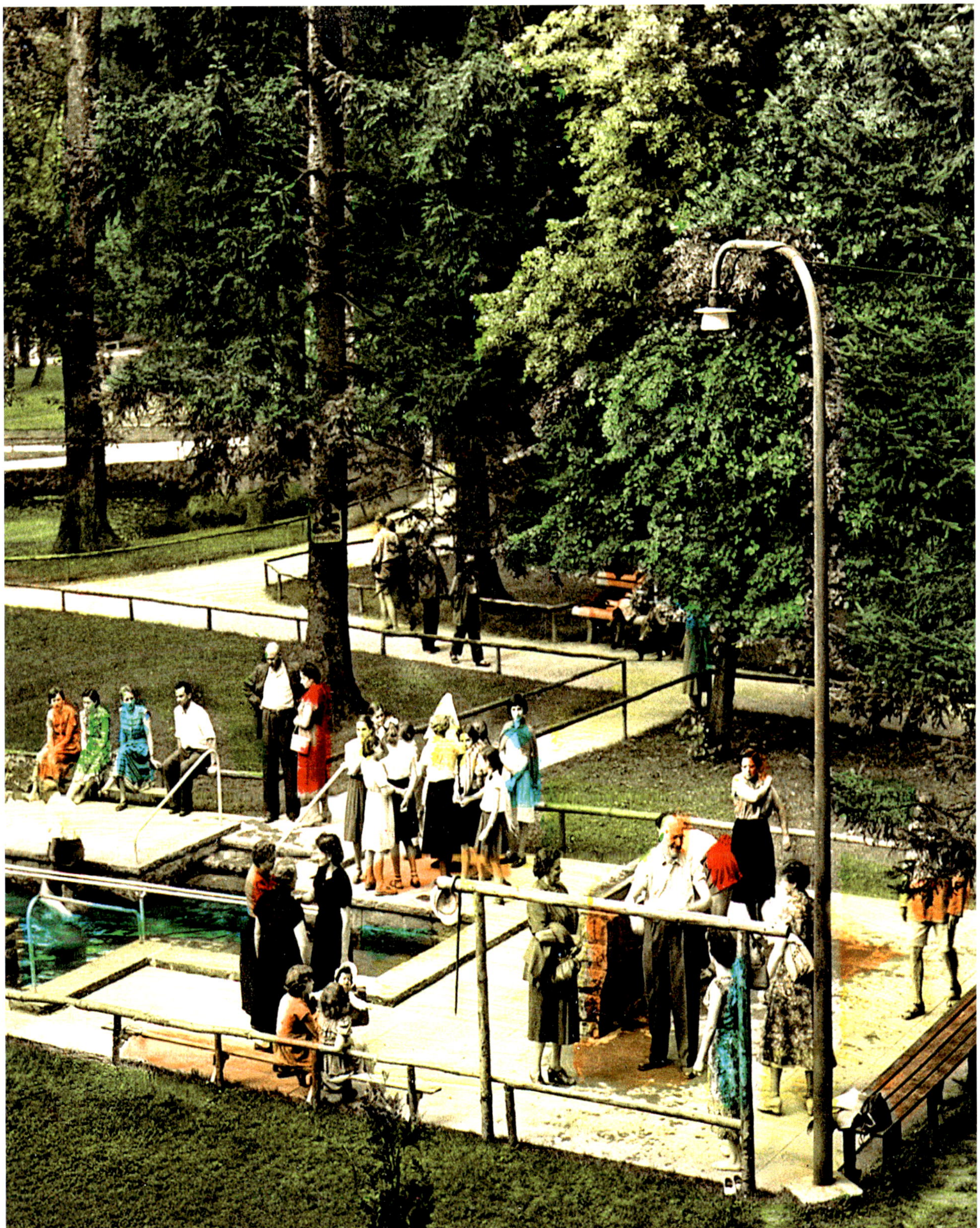

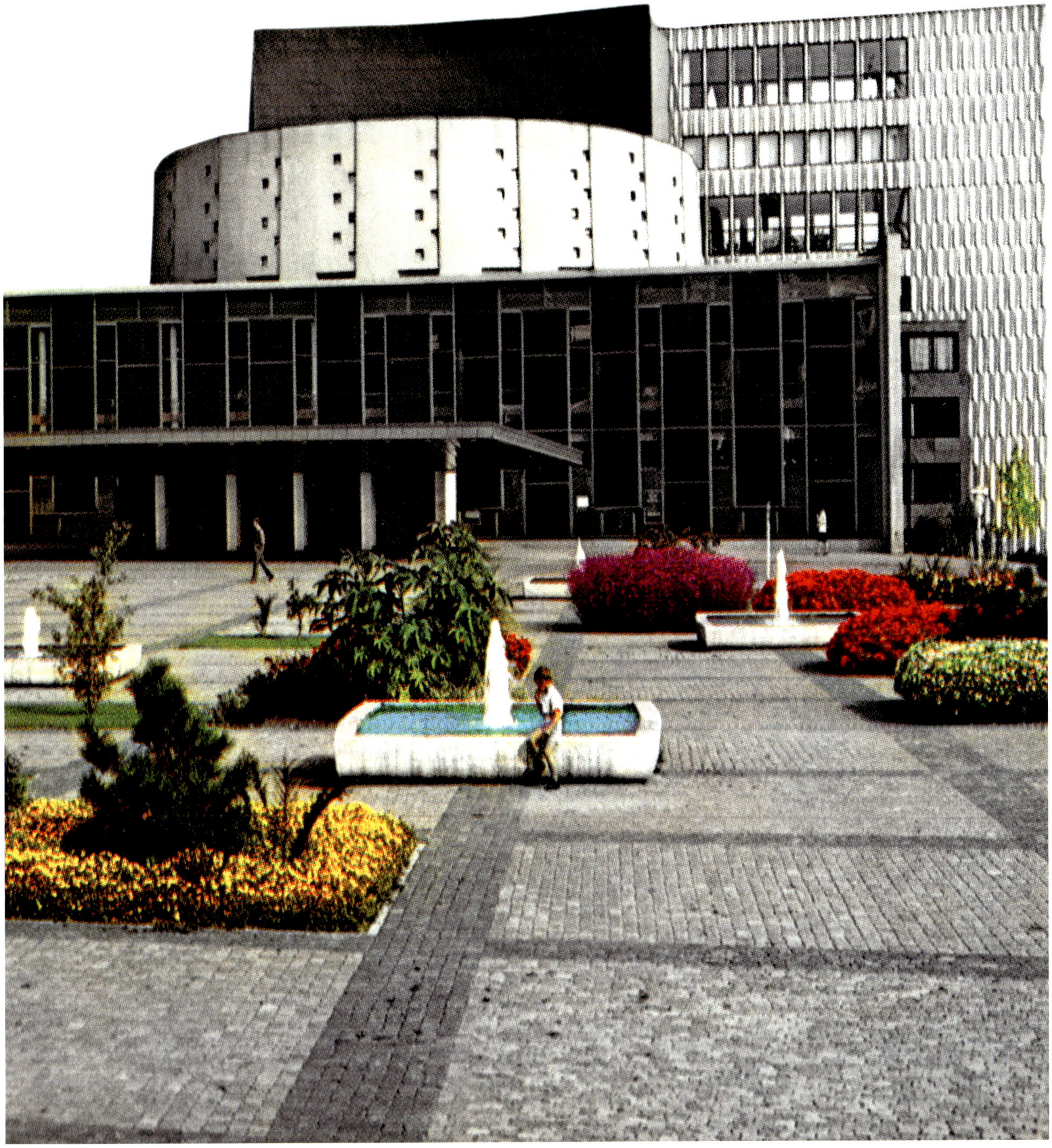

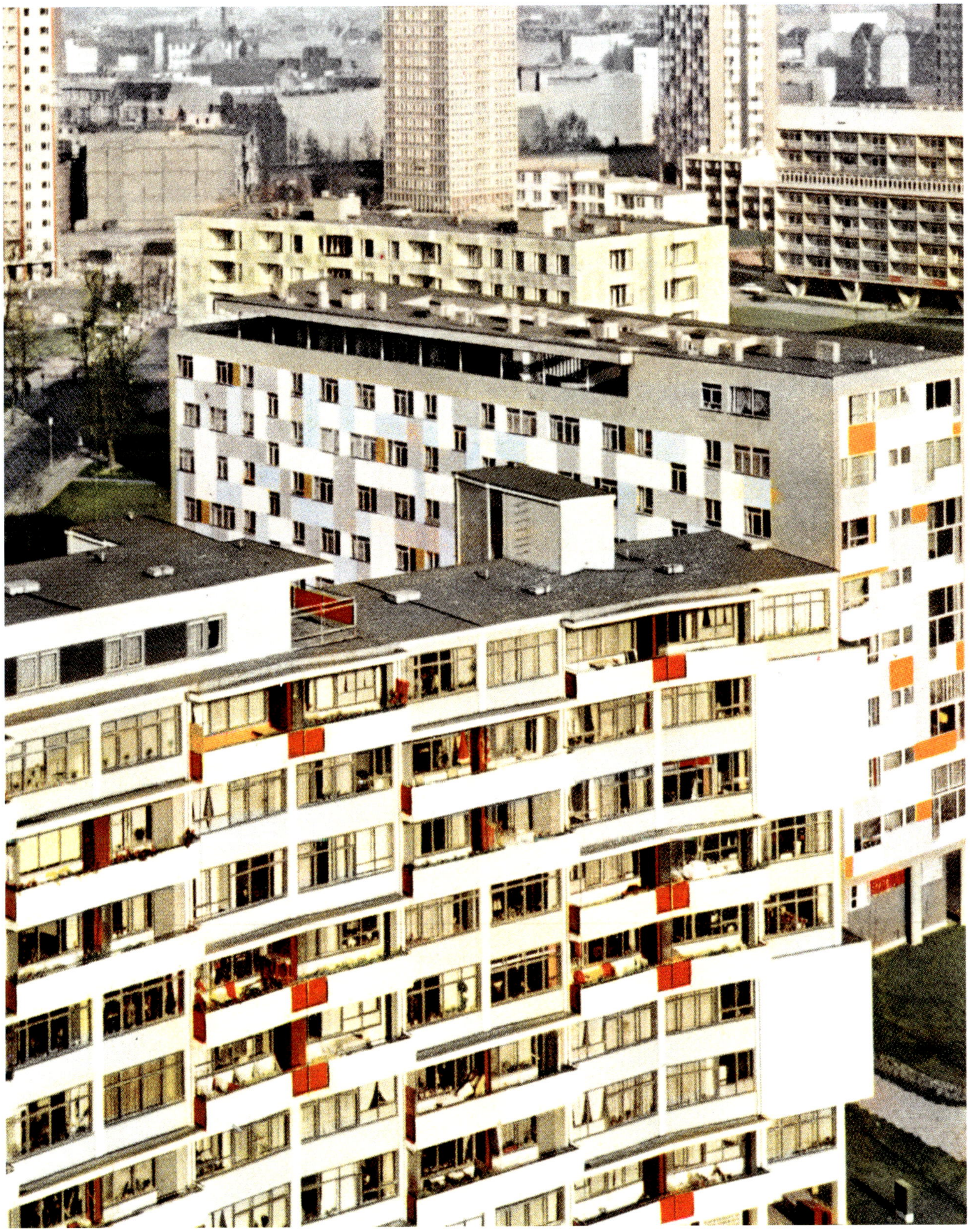

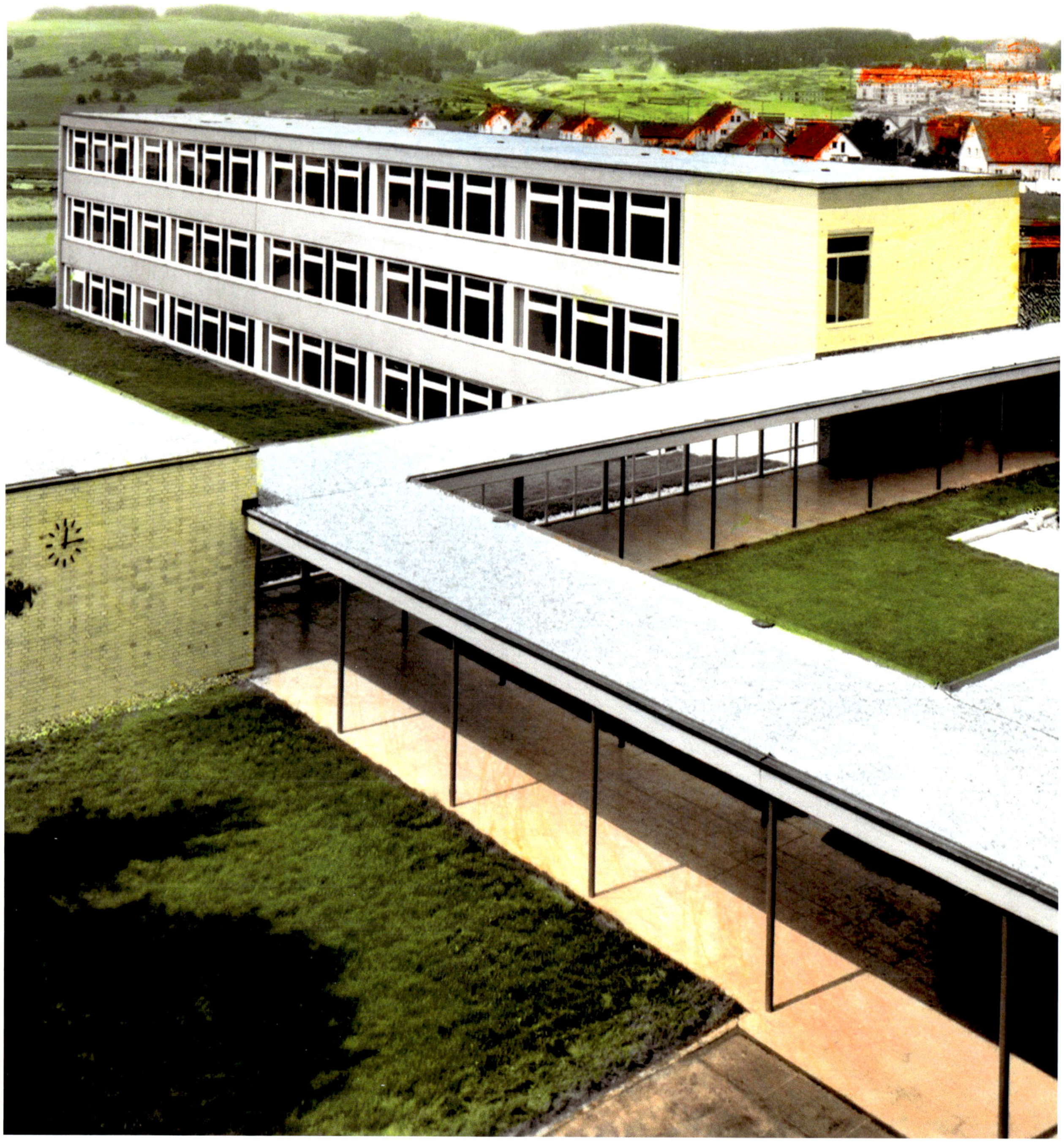

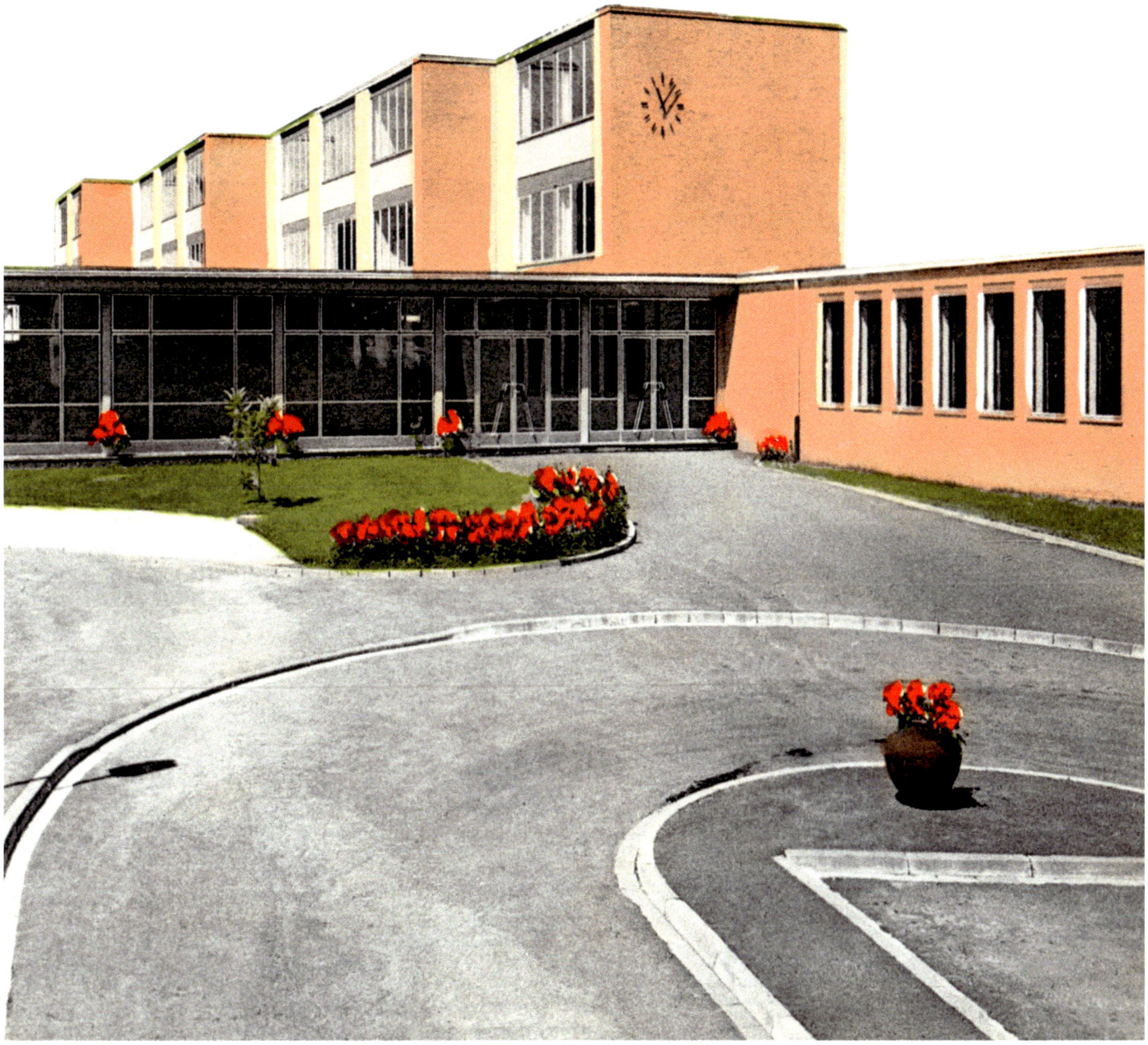

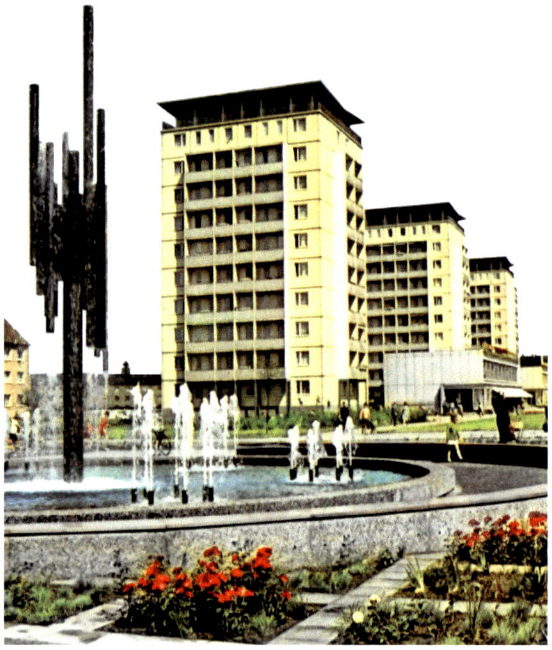

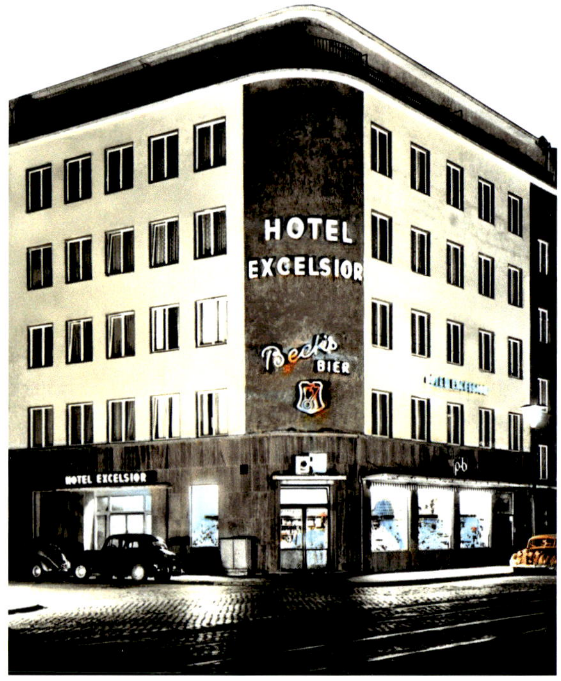
HOTEL
EXCELSIOR
Beck's
BIER
HOTEL EXCELSIOR

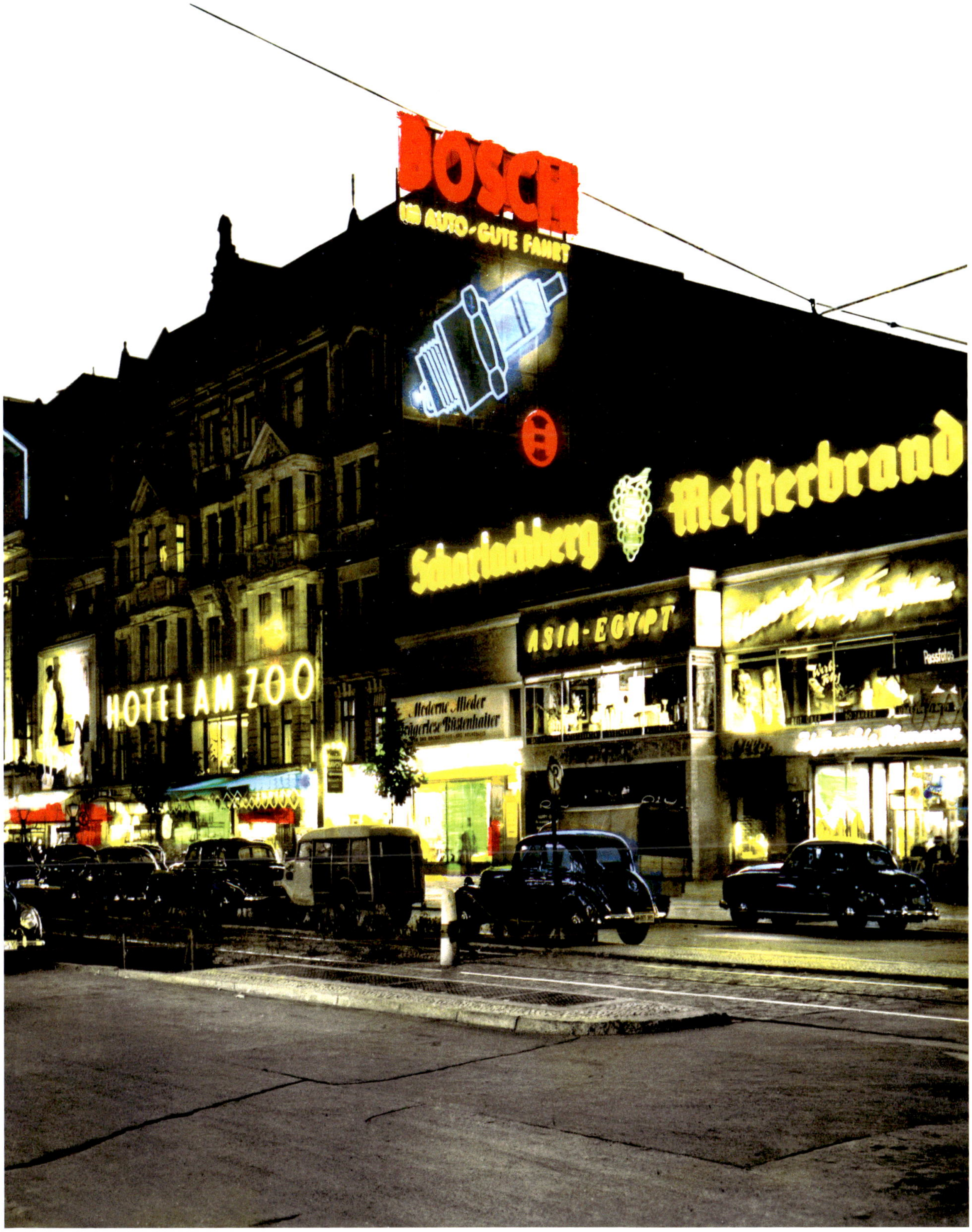
BOSCH
IM AUTO - GUTE FAHRT
Scharlachberg
Meisterbrand
ASIA-EGYPT
HOTEL AM ZOO
Moderne Mieder
Passfotos

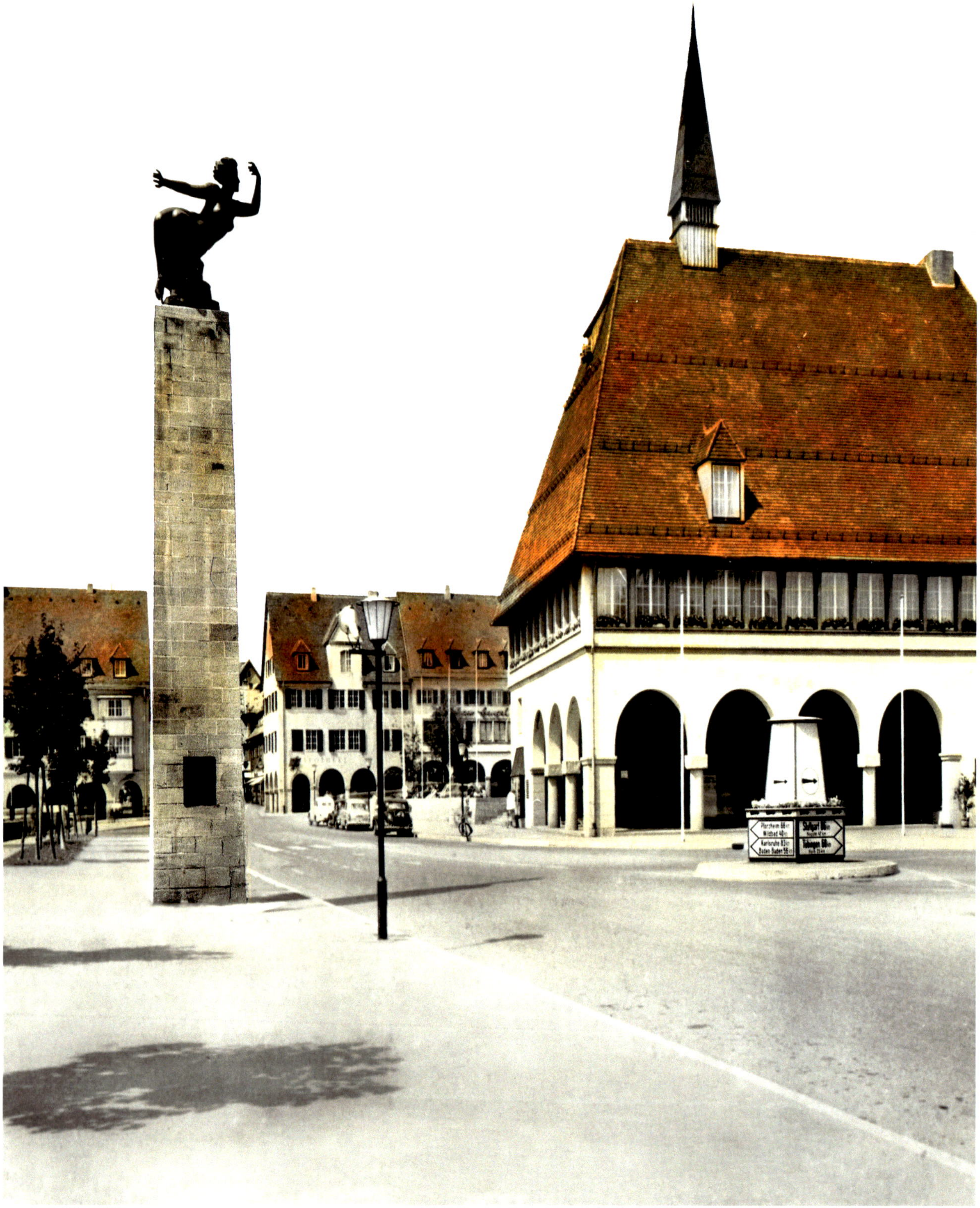
Pforzheim 66 km
Wildbad 40 km
Karlsruhe 83 km
Baden-Baden 58 km

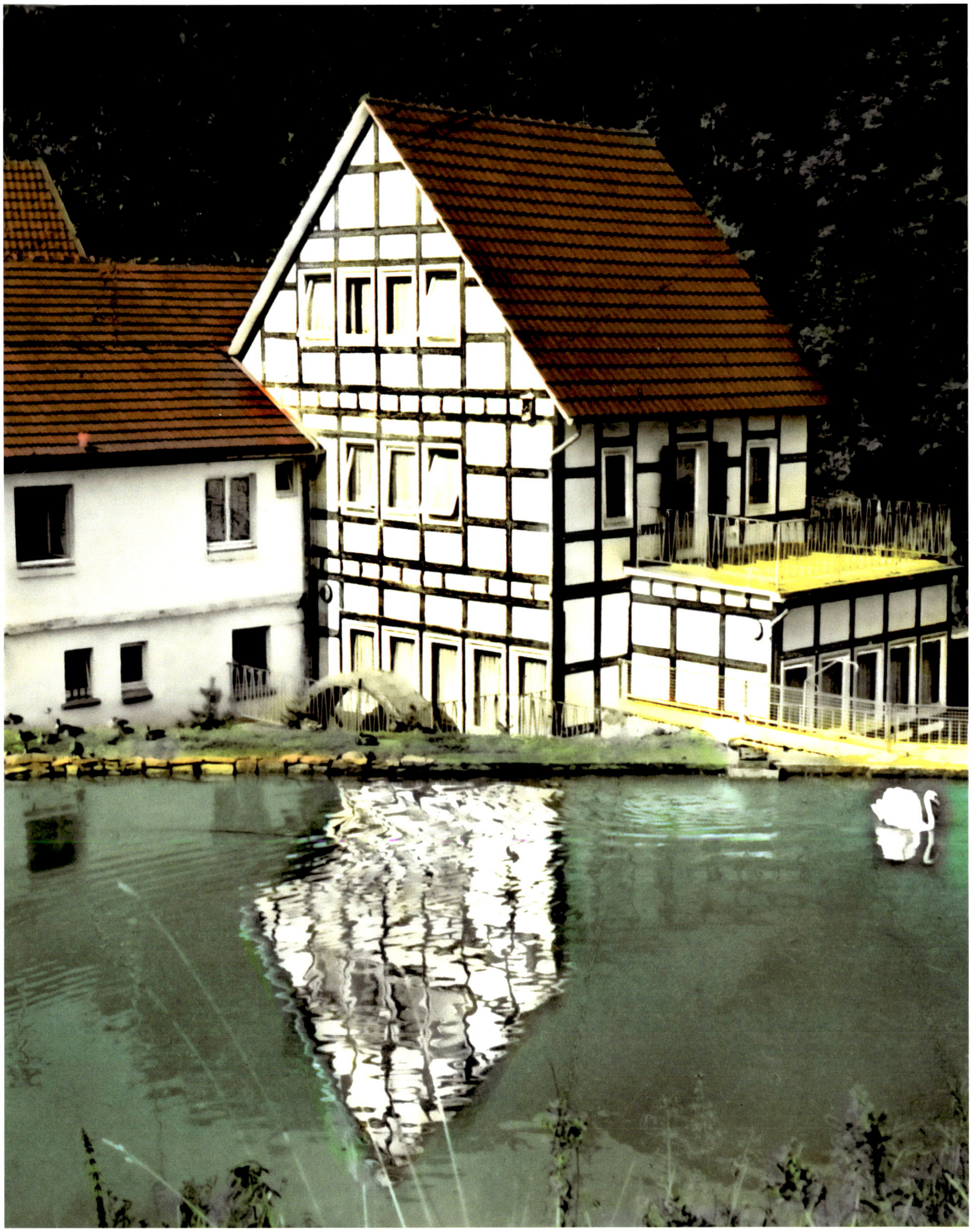

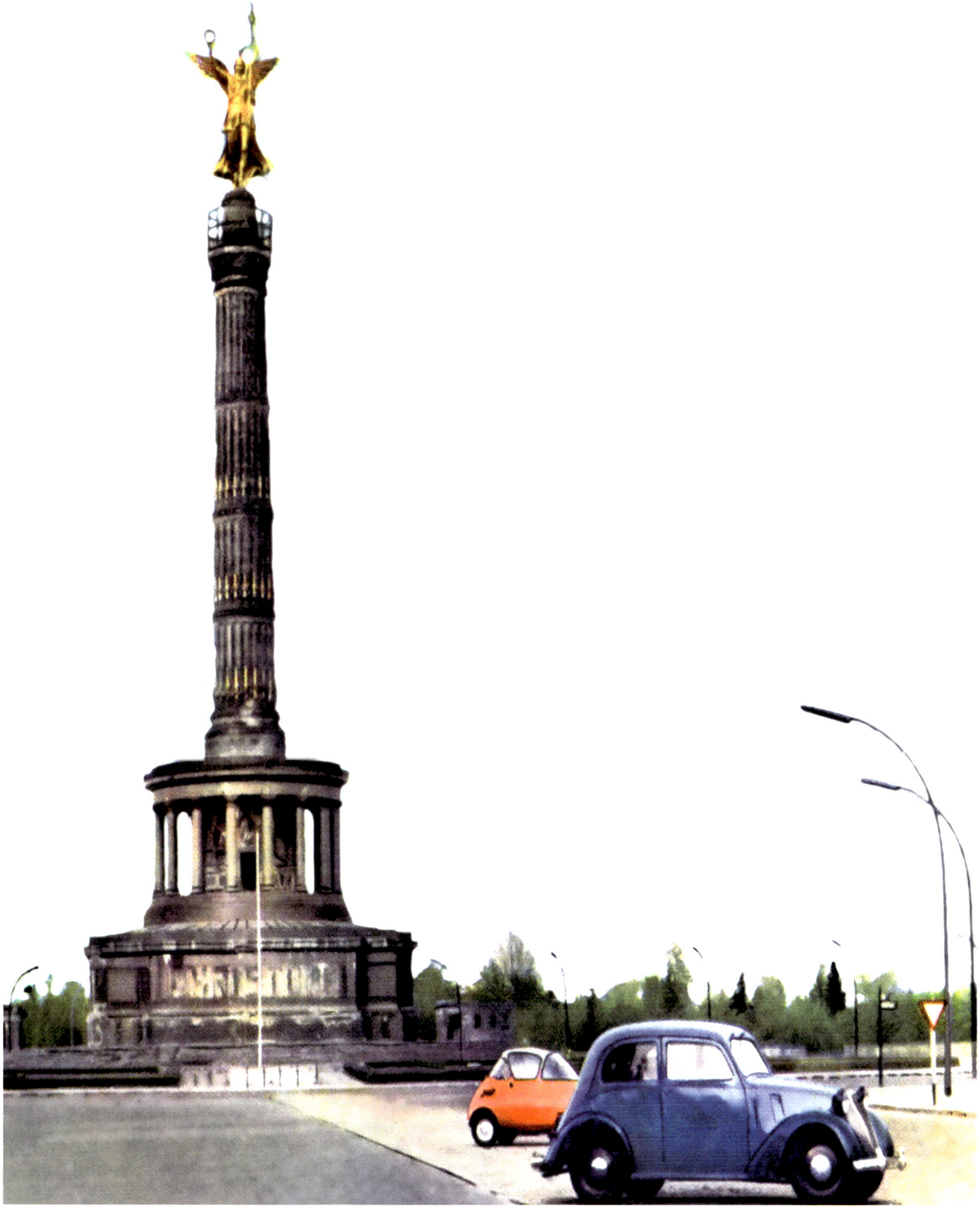

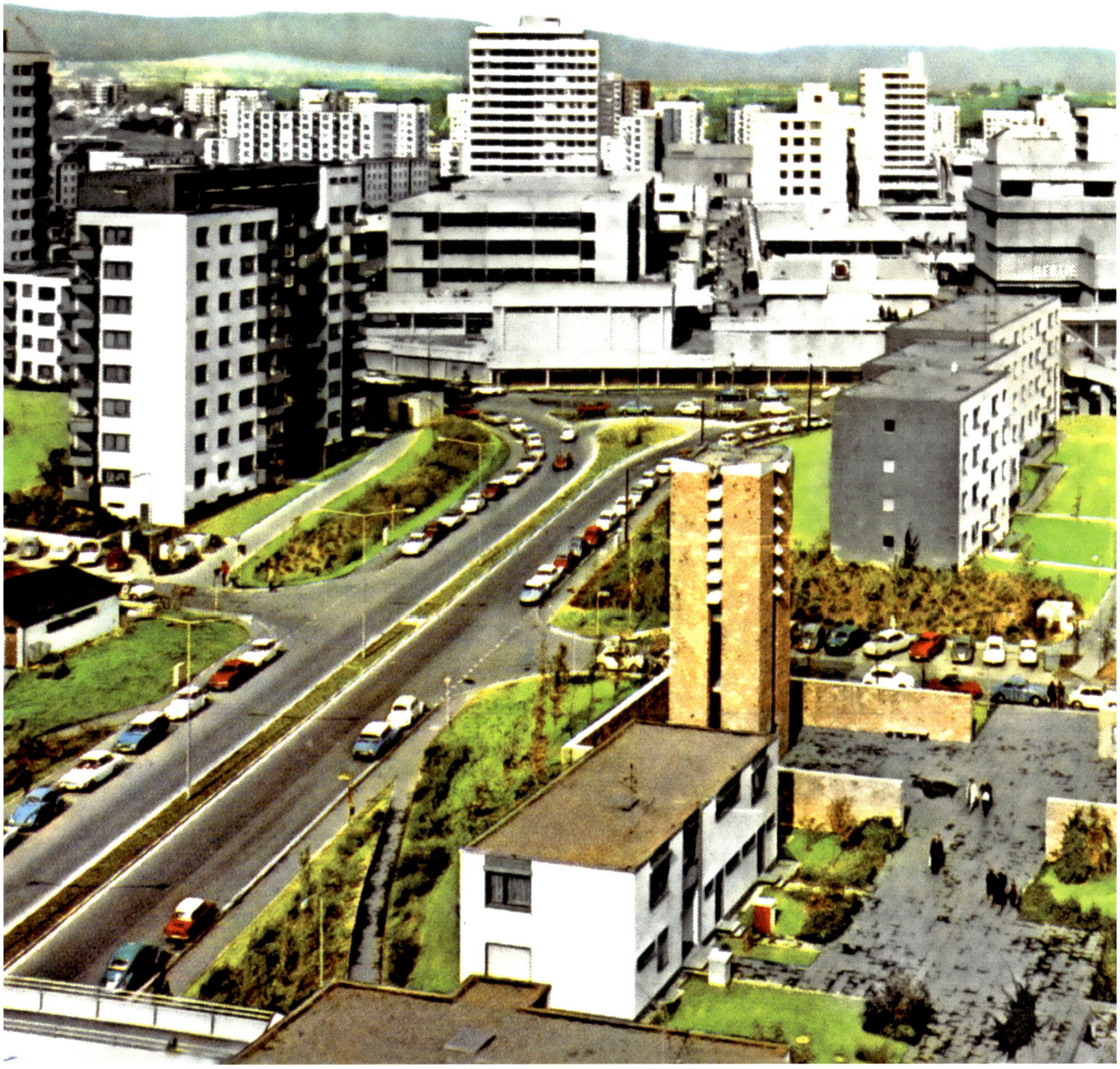

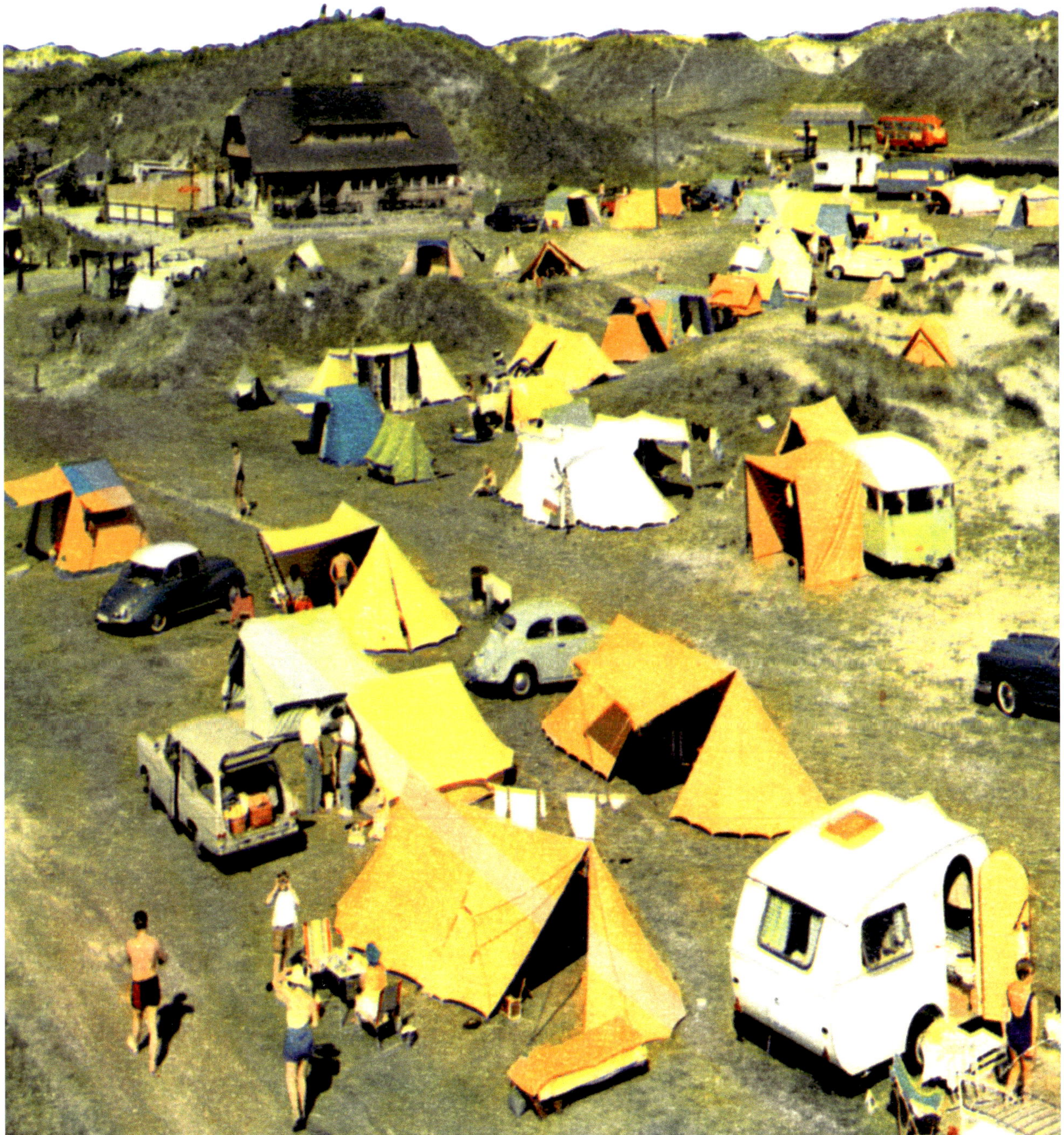

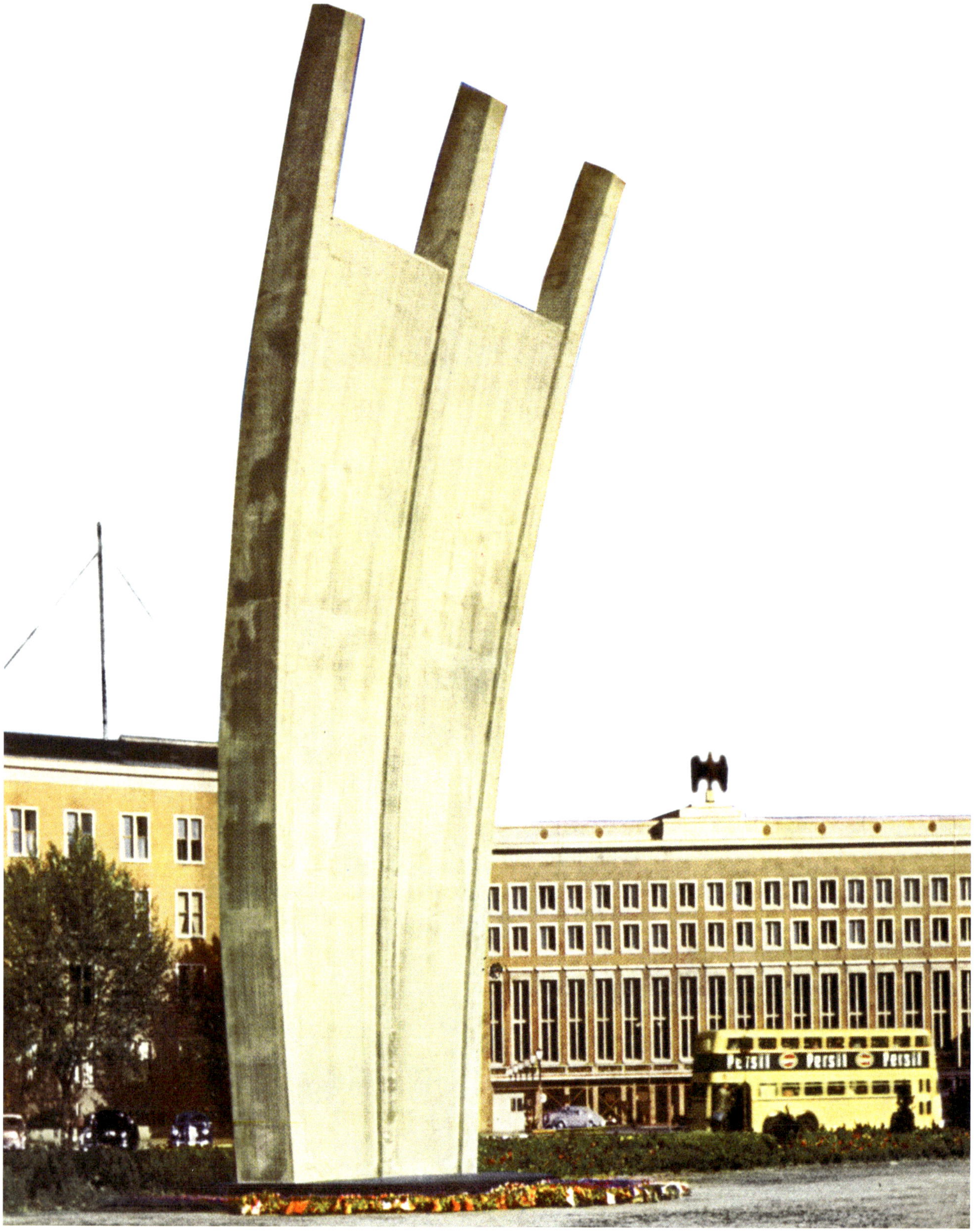
Persil Persil Persil

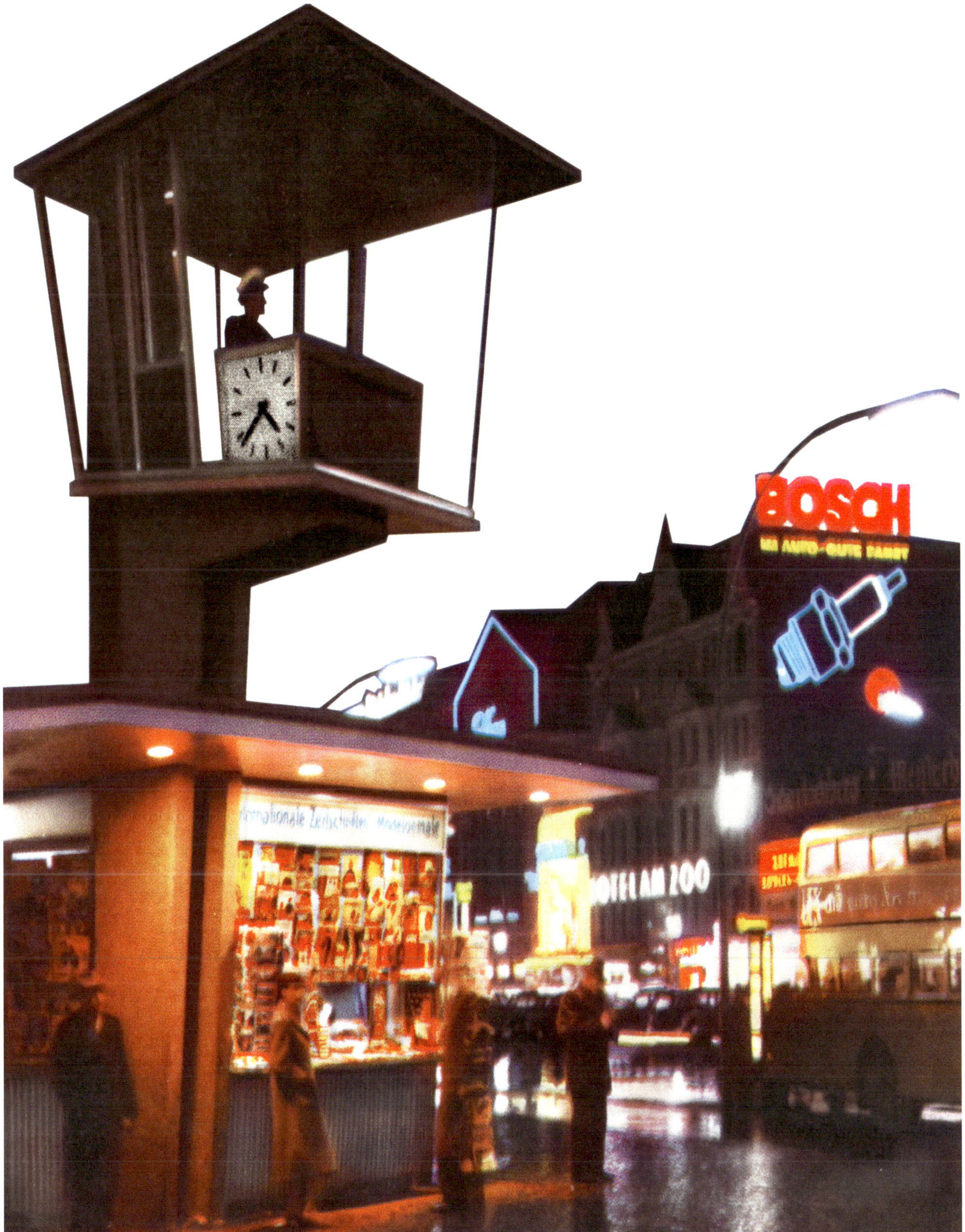
BOSCH
OTEL AM ZOO

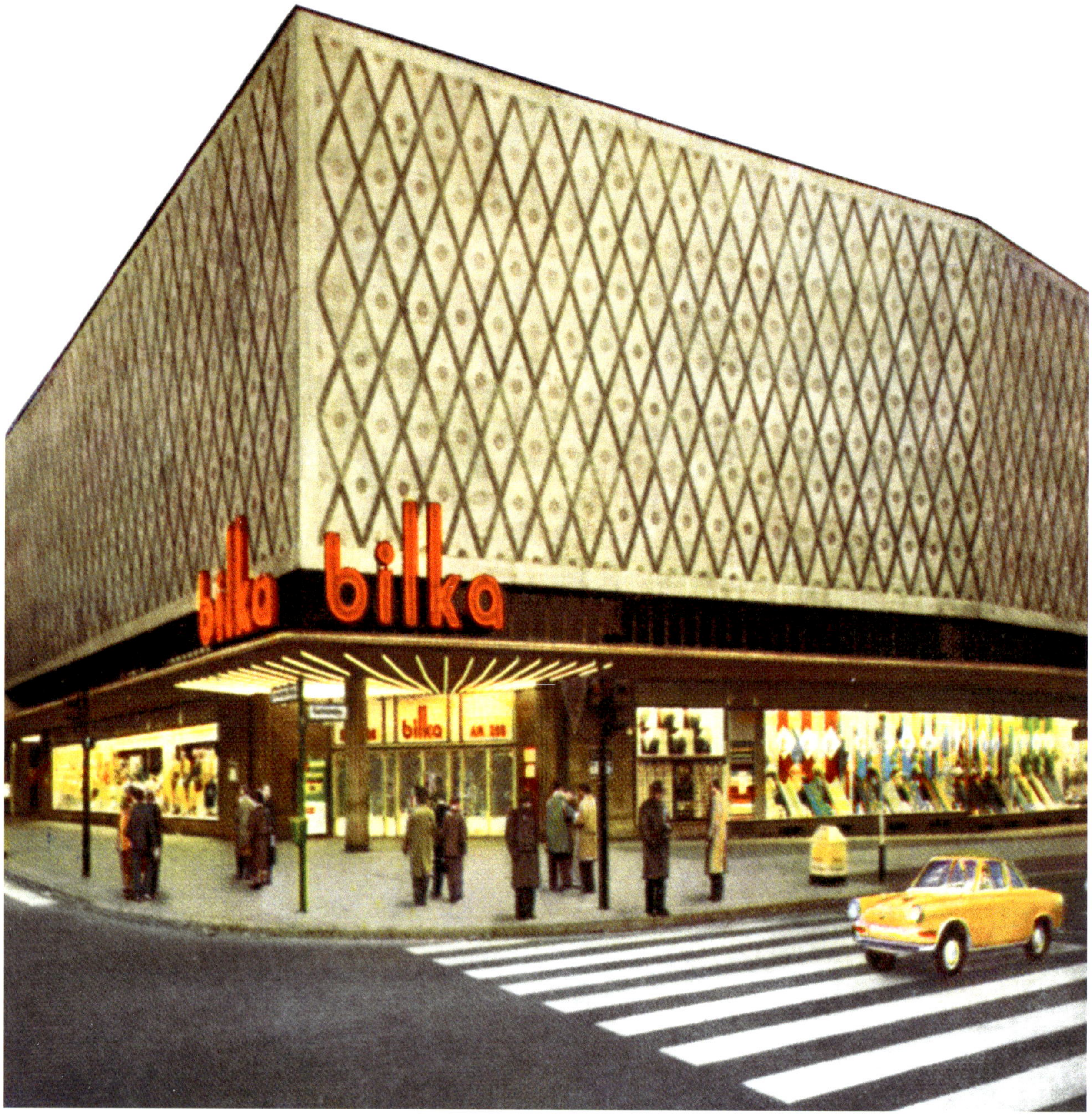
bilka
bilka
bilka

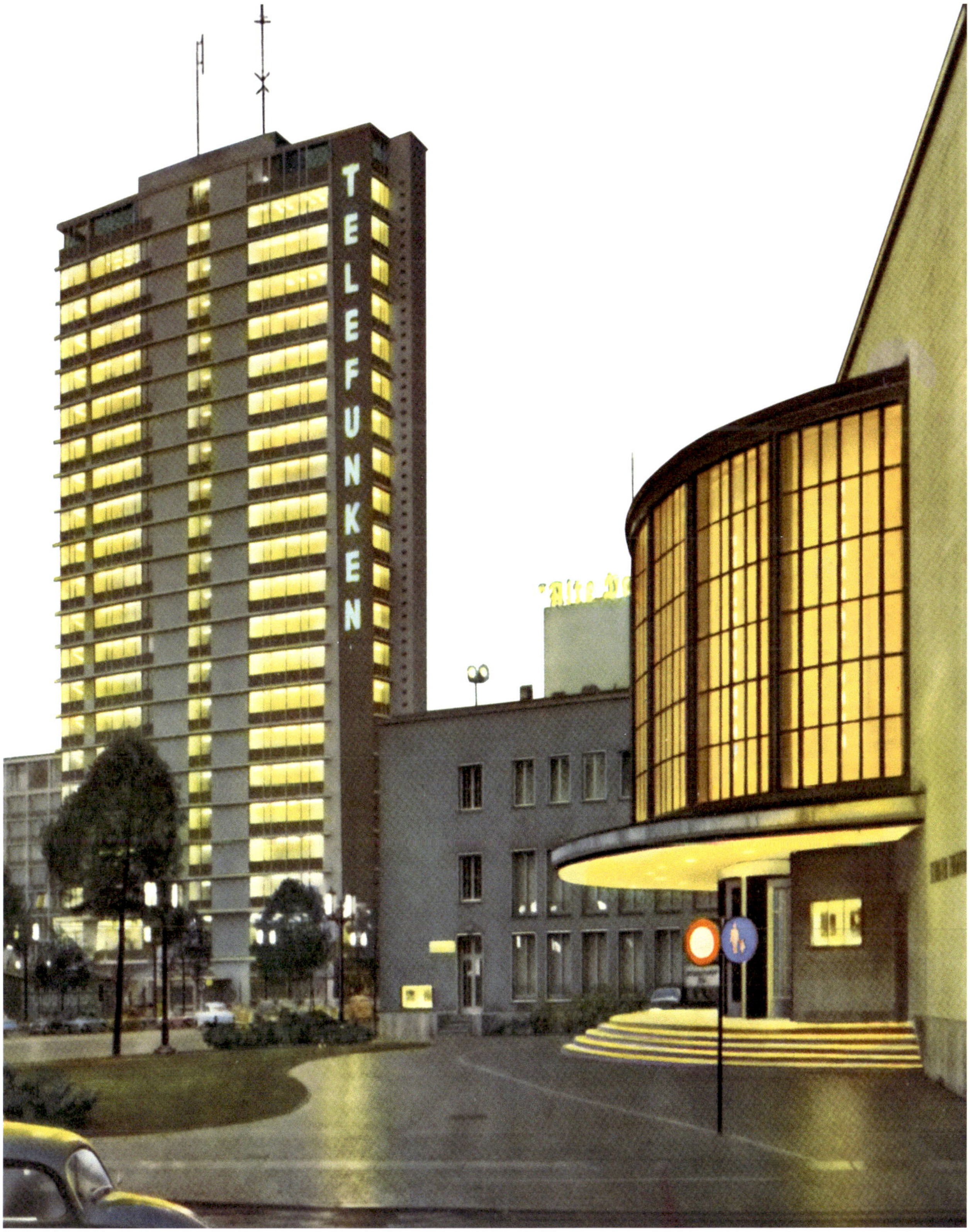
TELEFUNKEN

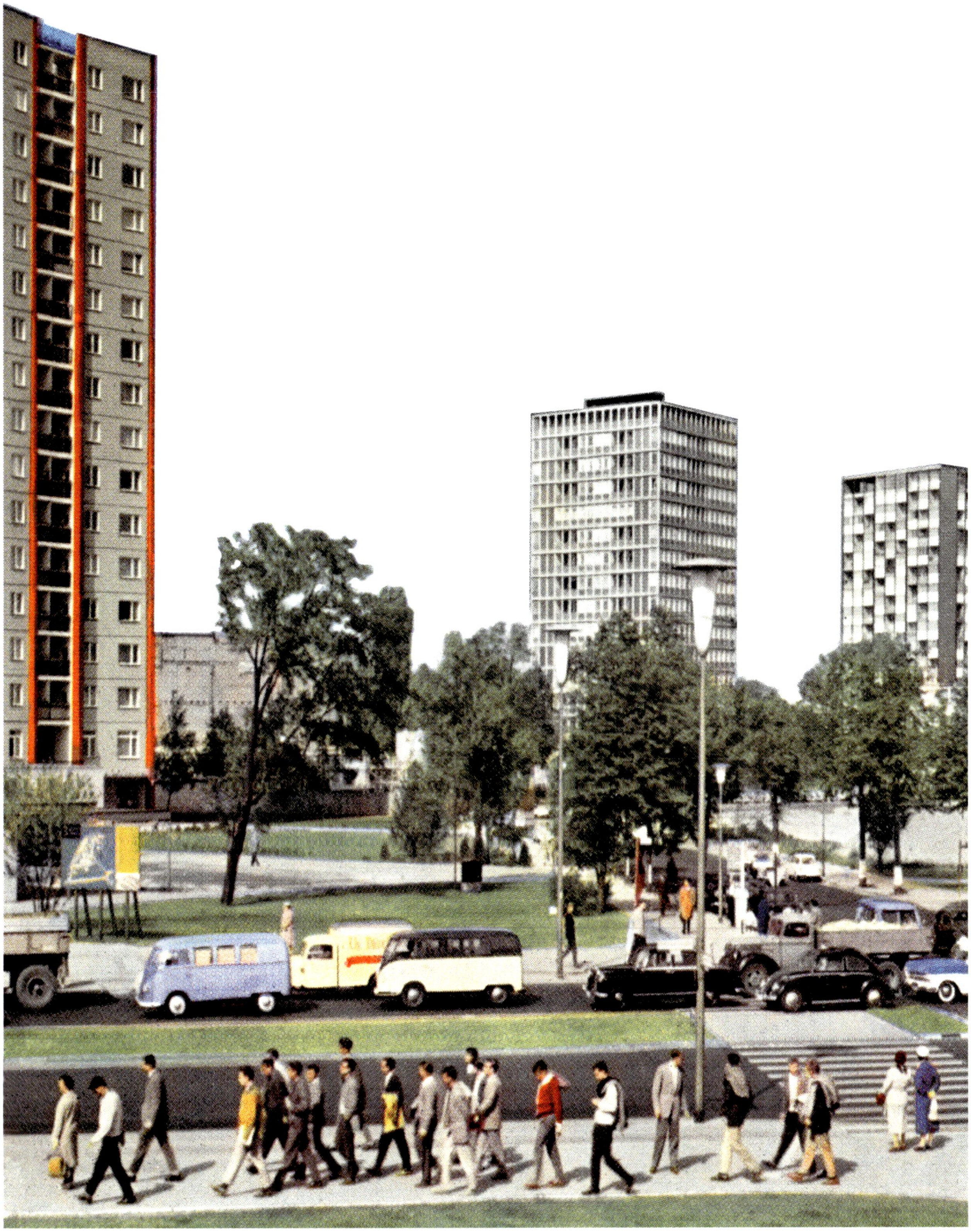

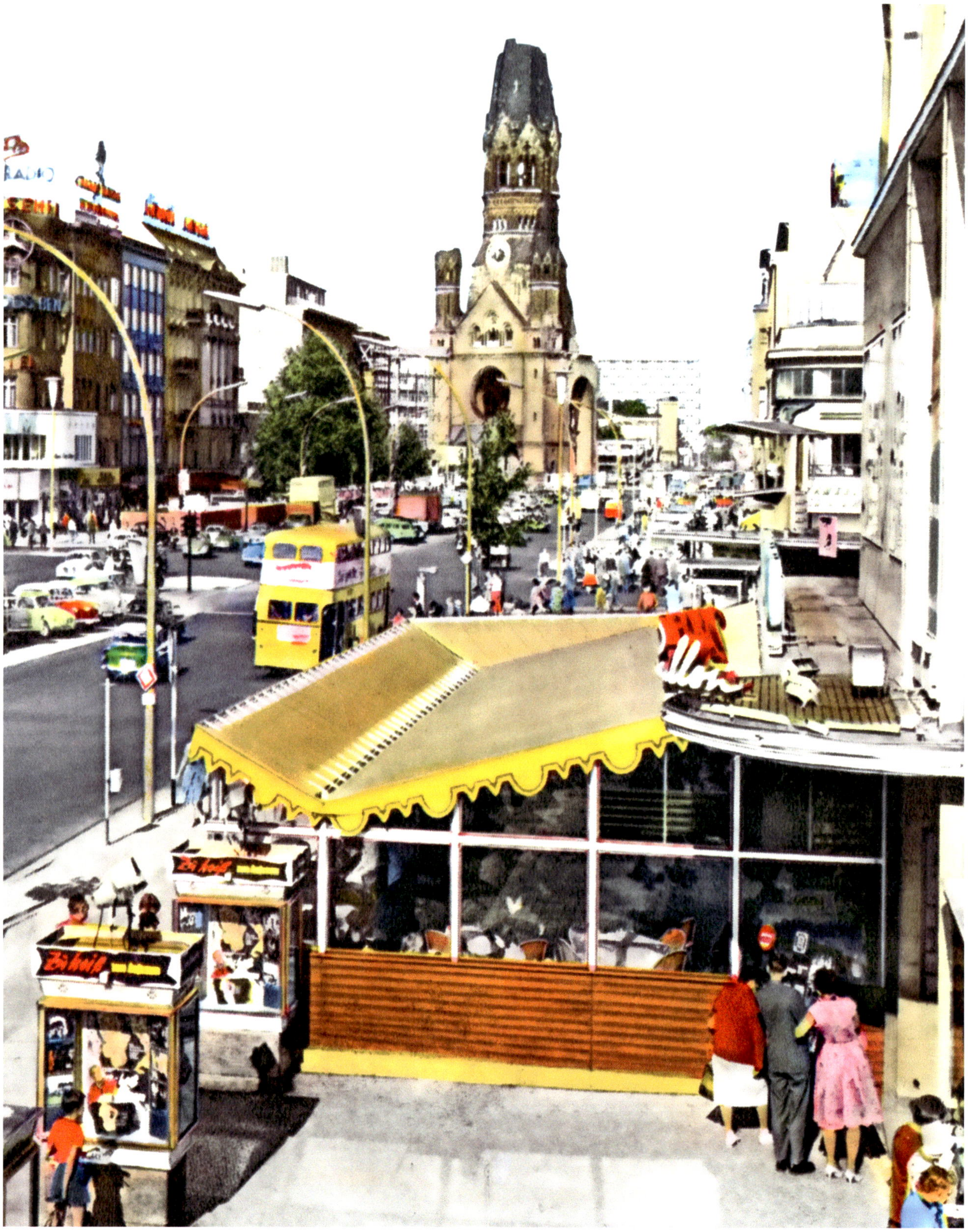

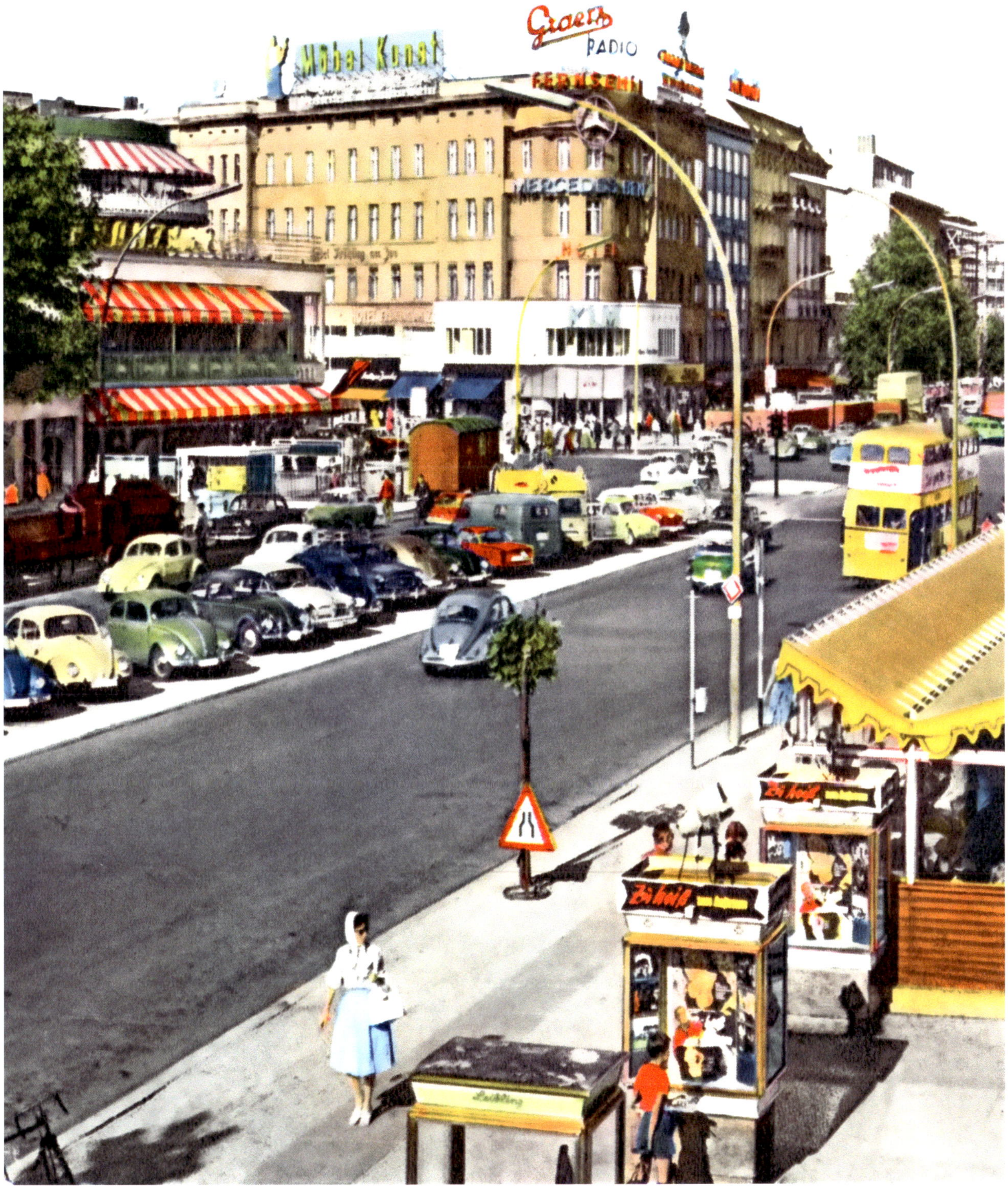
Graetz
RADIO

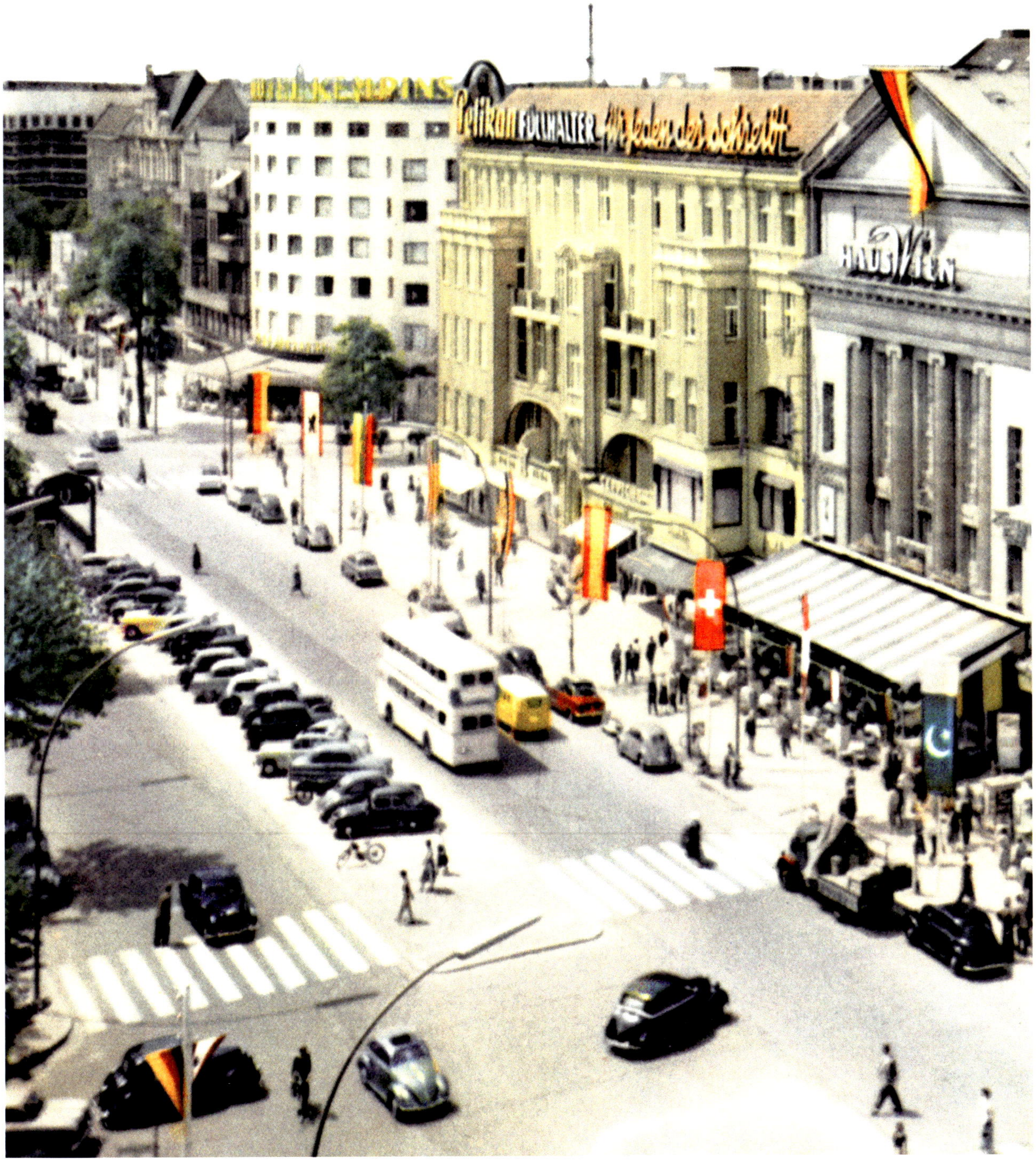
Pelikan FÜLLHALTER

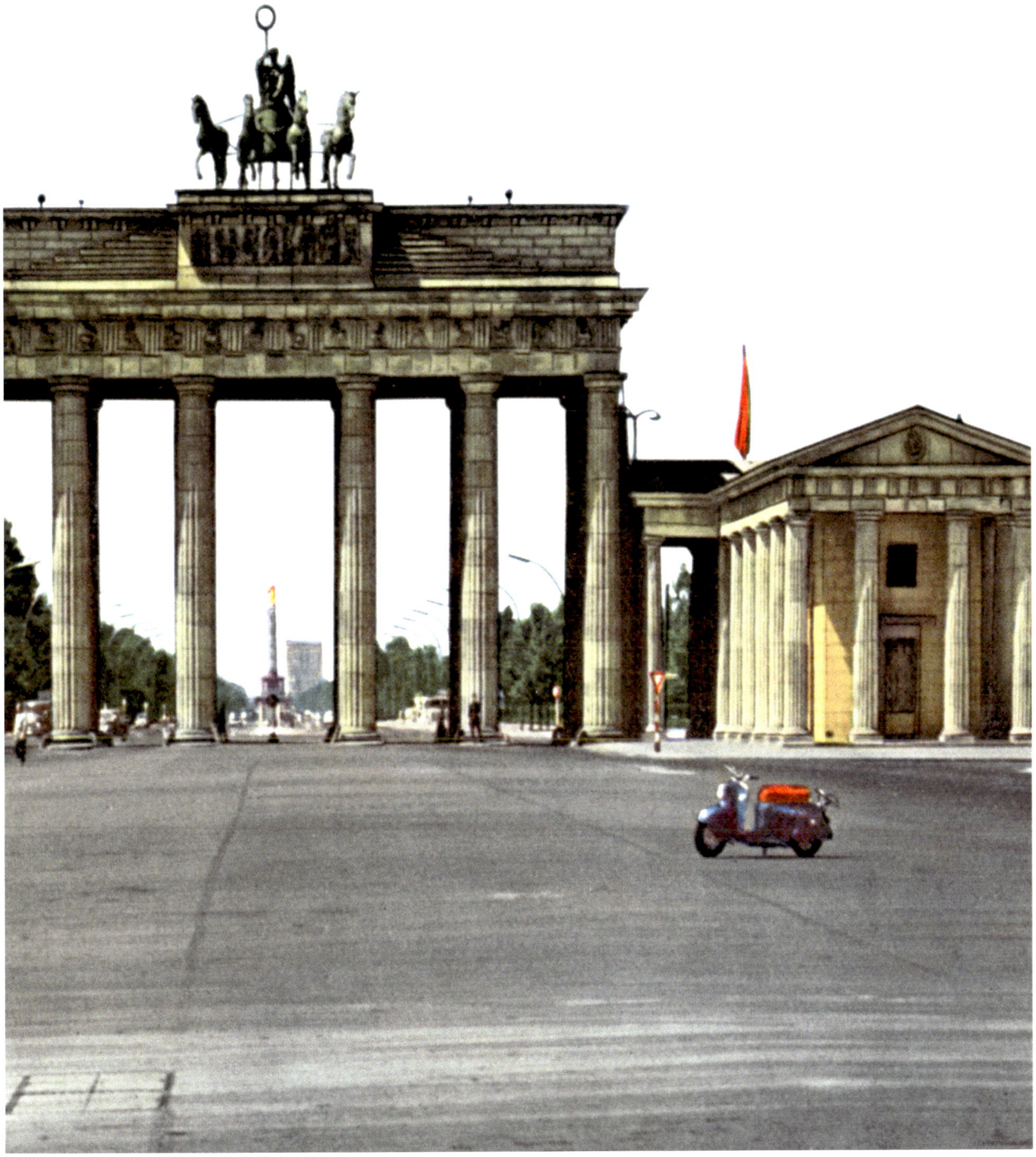

DIE ARBEITEN
ILLUSTRATED WORKS

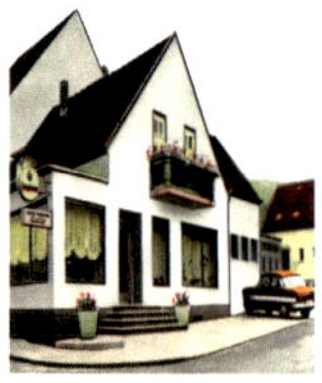
Bollendorf, Hotel Colle

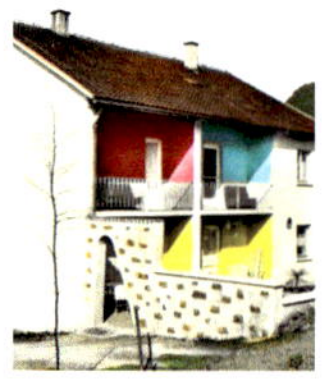
Donzdorf, Höhencafe Pension Schmeusser

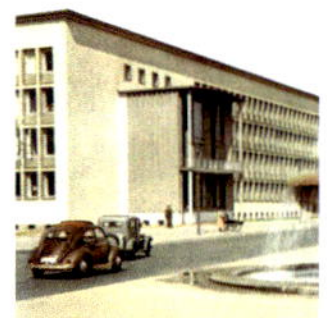
Hannover, Leibnizufer mit Duvebrunnen

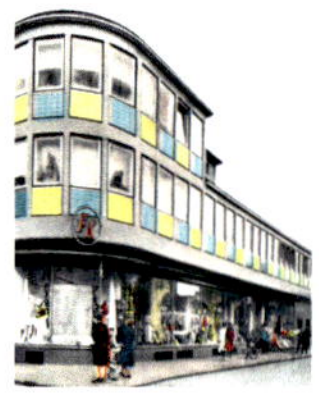
Frechen, Kaufhaus

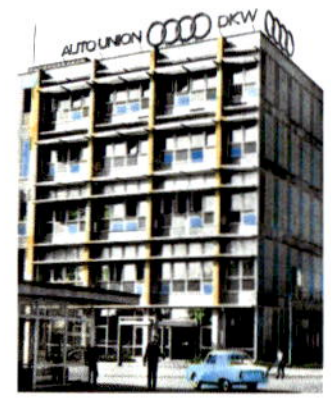

Ingolstadt, Auto Union, Haupteingang

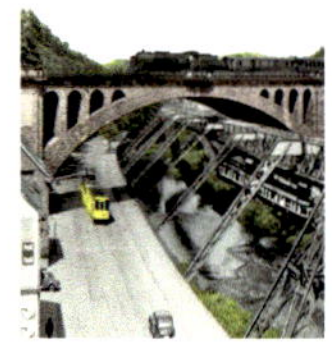
Wuppertal, Schwebebahn, Sonnborner Brücke

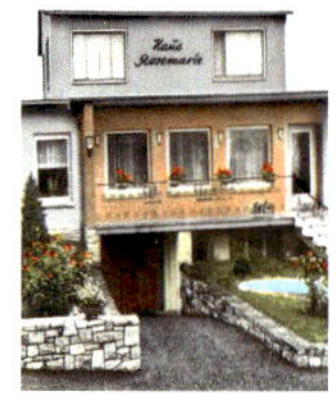
Wilsenroth / Westerwald, Haus Rosemarie

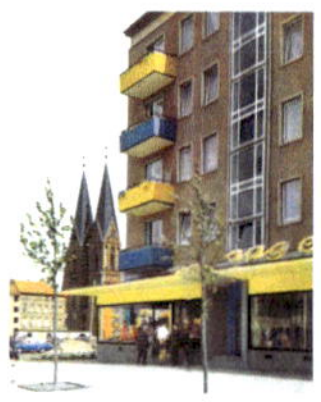
Frankfurt / Oder, Karl-Marx-Straße

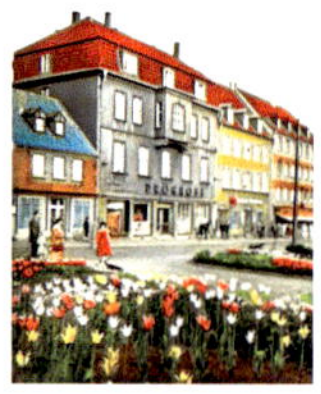
Castrop-Rauxel, Münsterplatz

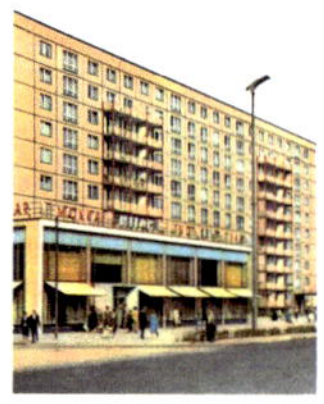
Berlin, Karl-Marx-Allee

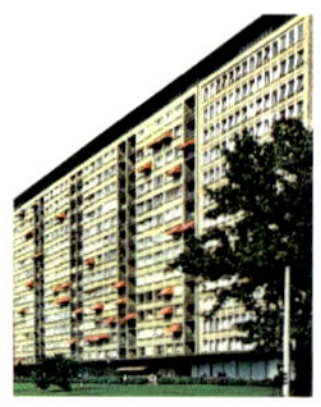
Hamburg, Grindelhochhäuser

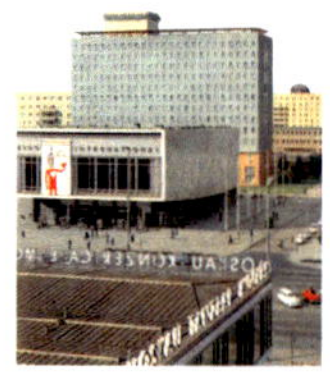
Berlin, Karl-Marx-Allee mit Hotel Berolina und Kino International

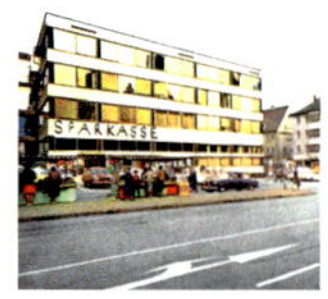
Ingolstadt, Rathausplatz

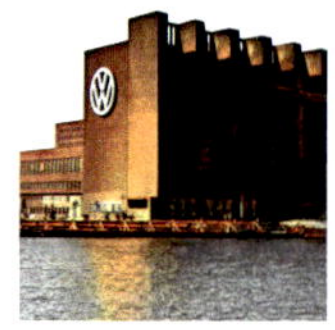
Wolfsburg, Volkswagenwerk

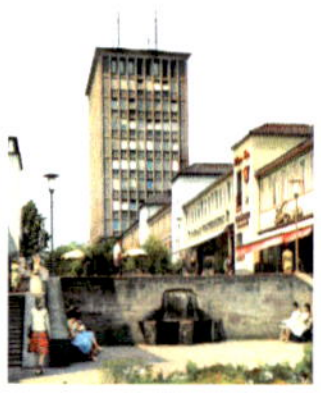
Kassel, Treppenstraße

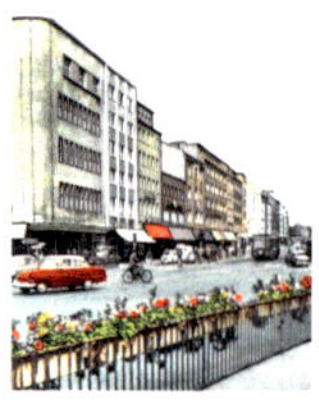
Mülheim an der Ruhr, Leineweberstraße

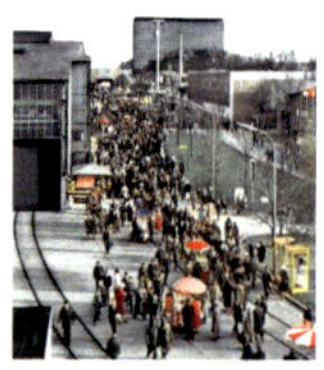
Hannover, Messe

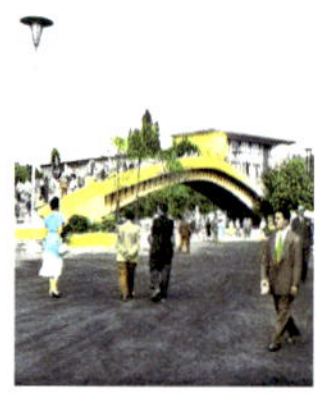
Düsseldorf, Aluminium-brücke an der Rhein-straße

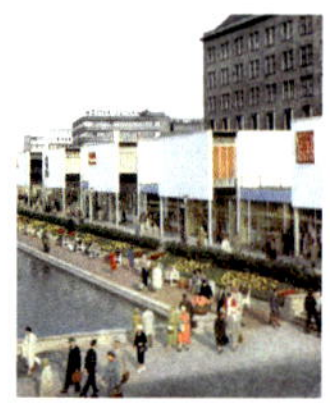
Dortmund, Bahnhofs-vorplatz

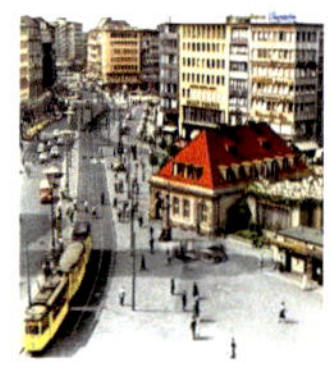
Frankfurt / Main, Hauptwache

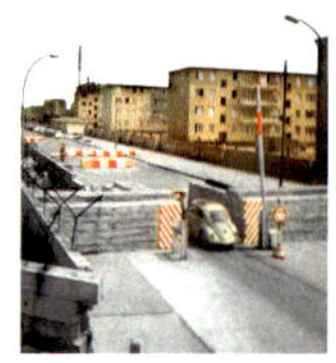
Berlin, Heinrich-Heine-Straße

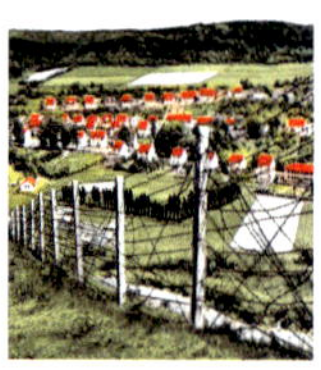
Philippsthal/Werra, Hotel-Pension „Villa Koch", Zonengrenze

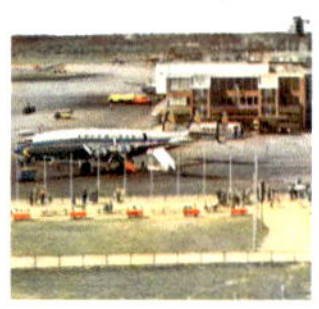
Frankfurt / Main, Rhein-Main-Flughafen

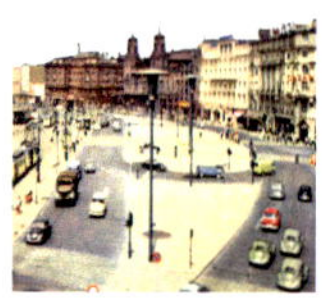
Frankfurt / Main, Hauptbahnhof

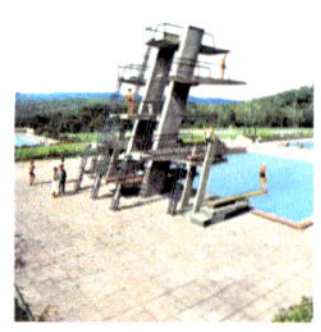
Saarbrücken, Totobad

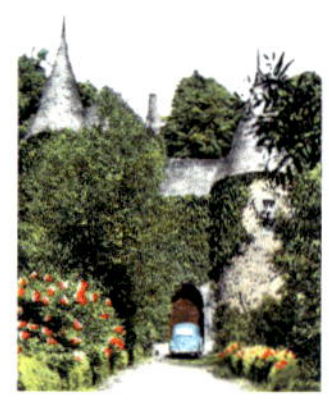
Burg Herrnstein im Bröltal

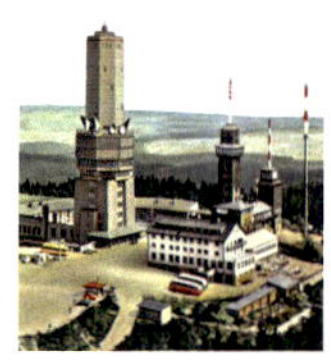
Großer Feldberg im Taunus mit Fernseh-, UKW- und Fernmelde-turm

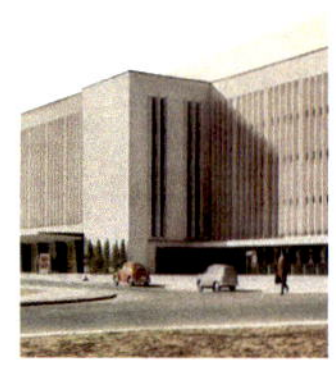
Berlin, Deutschlandhalle

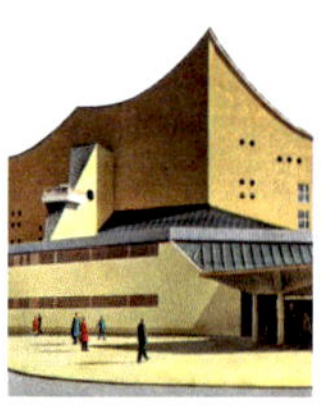
Berlin, Philharmonie

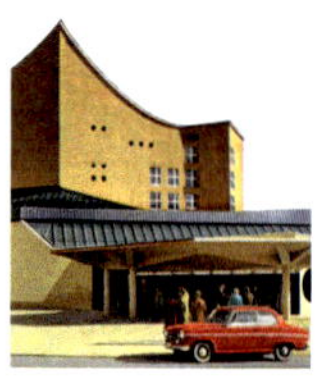
Berlin, Philharmonie

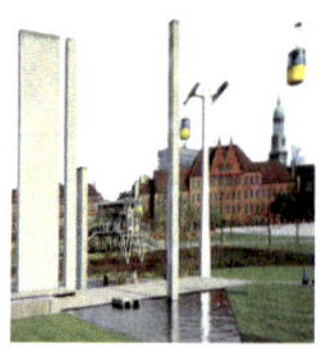
Hamburg, Theater-Garten in den Großen Wall-anlagen

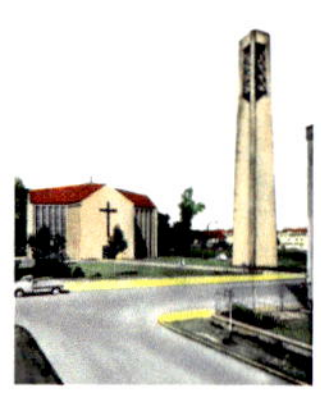
Düren, Evangelische Kirche

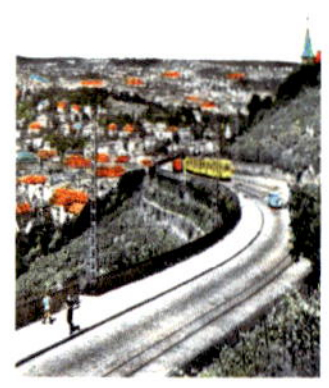
Stuttgart, Neue Weinsteige

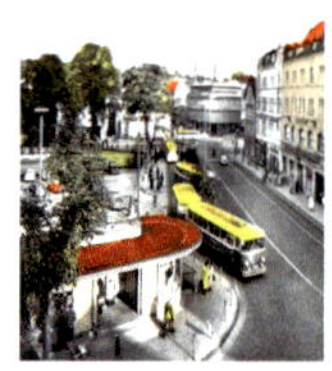
Lüdenscheid, Am Markt

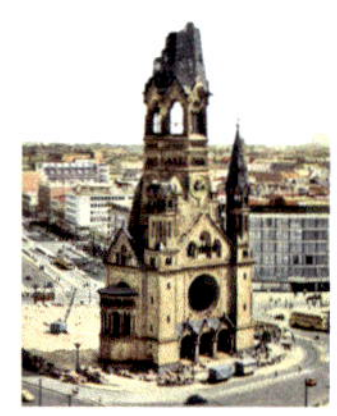
Berlin, Kaiser-Wilhelm-Gedächtniskirche

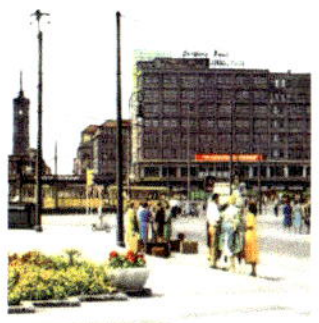
Berlin, Alexanderplatz

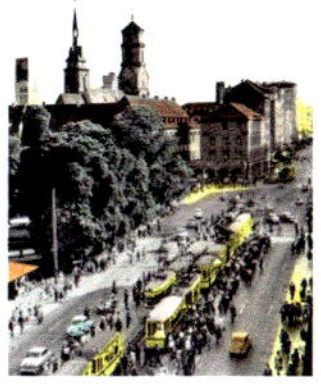
Stuttgart, Königstraße mit Schloss

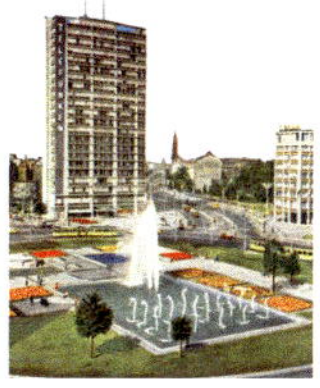
Berlin, Ernst-Reuter-Platz

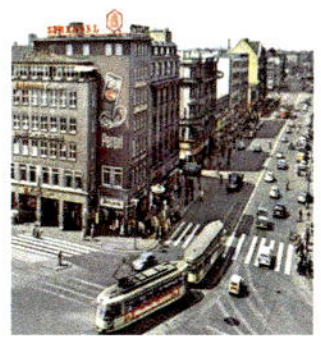
Hannover, Am Kröppke

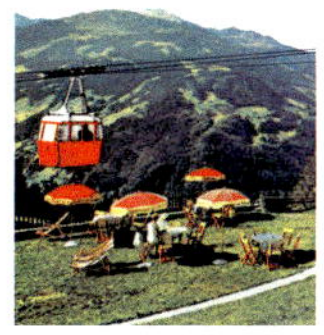
Grindl-Alm, Gasthof „Enzian-Sepp", Zell am Ziller

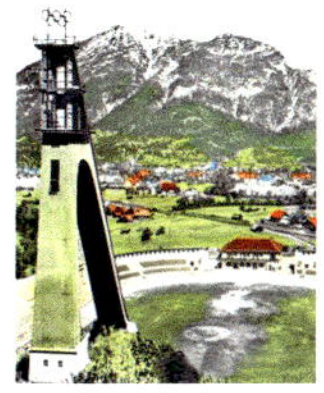
Garmisch-Partenkirchen, Olympiastadion mit Kramerspitz und Notkarspitze

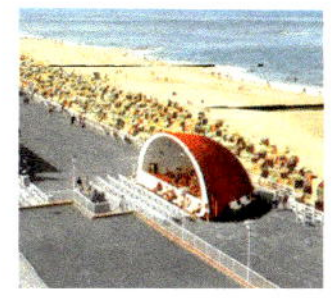
Nordseeheilbad Westerland auf Sylt, Promenade mit Zentralstrand

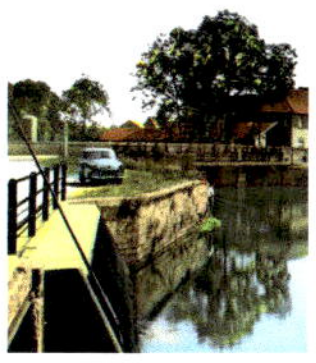
Liebenau, An der Aue

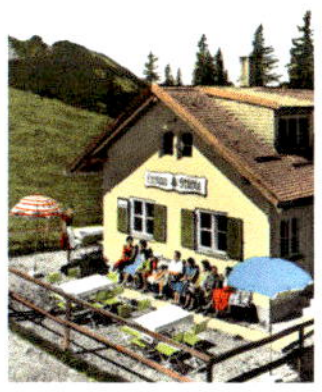
Enzian Stüble, Blick zur Reuter Wanne, 1500 m

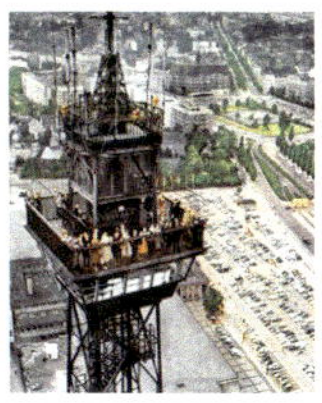
Berlin, Funkturm, Aussichtsplattform

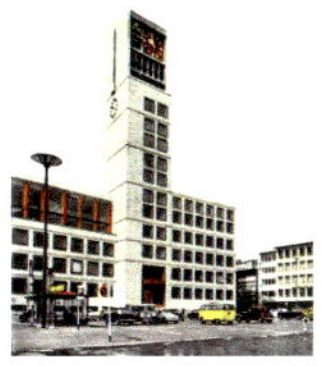
Stuttgart, Rathaus

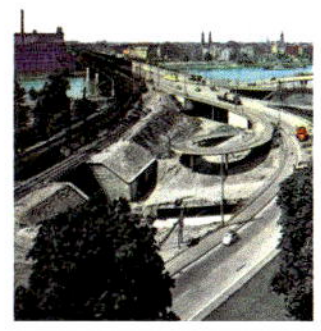
Mannheim, Auffahrt zur Rheinbrücke mit Blick auf Ludwigshafen

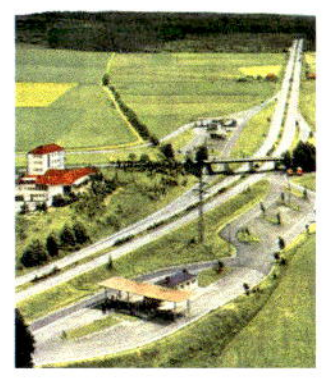
Kassel, Autobahnrasthaus und Hotel

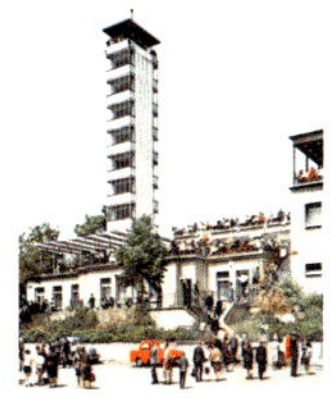
Berlin, Müggelturm

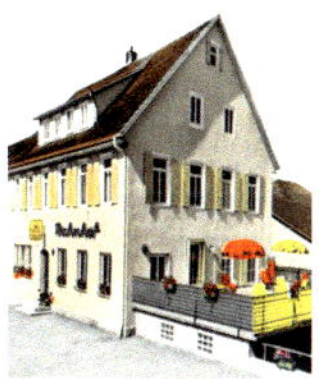
Fridingen, Gasthof, Bahnhof

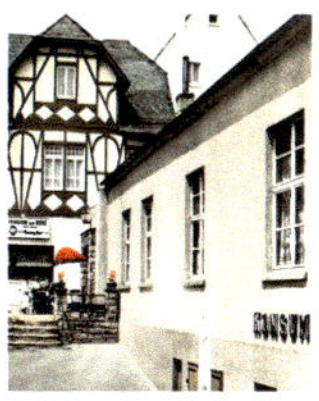
Ruppertshain im Taunus, Gasthof-Pension Zur Rose

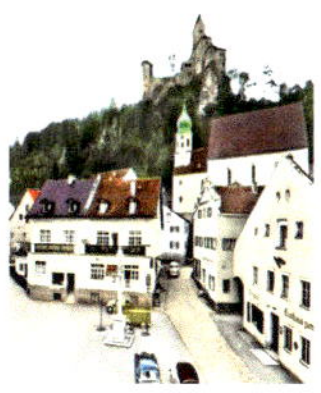
Kipfenberg im Altmühltal, Marktplatz

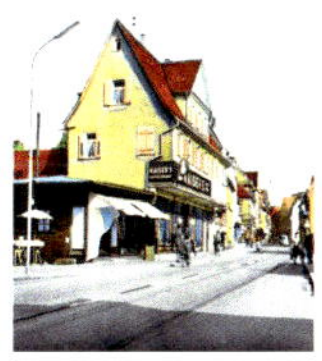
Achern

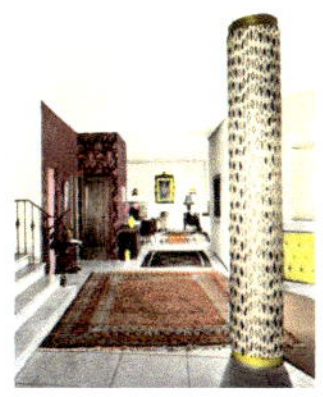
Düsseldorf, Hotel Excelsior, Ecke Kaiser-Kapellstraße / Am Messegelände 70

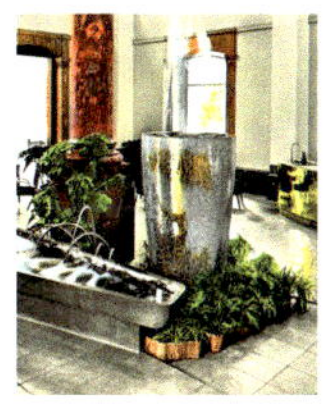
Baden-Baden, Trinkhalle

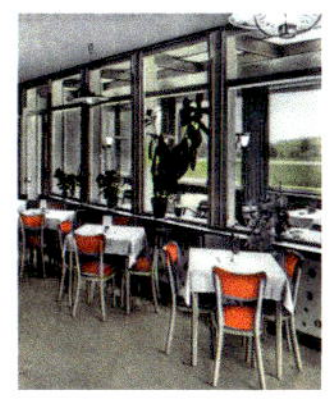
Frankfurt-Nord, Autobahnraststätte

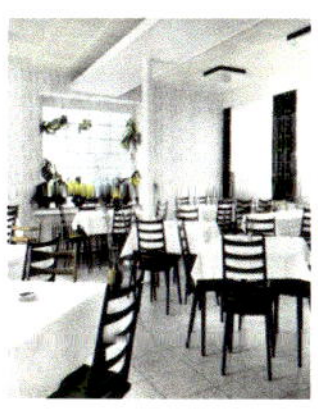
Morkepütz, Gasthof Haus Sonnenschein

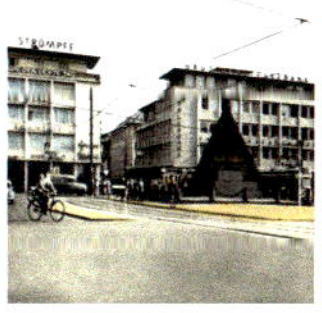
Karlsruhe

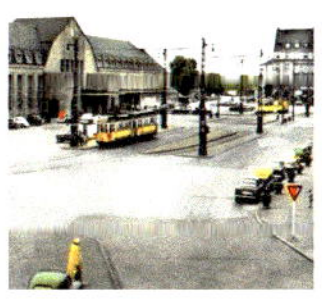
Karlsruhe

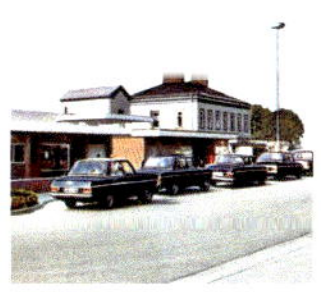
Pinneberg, Bahnhof

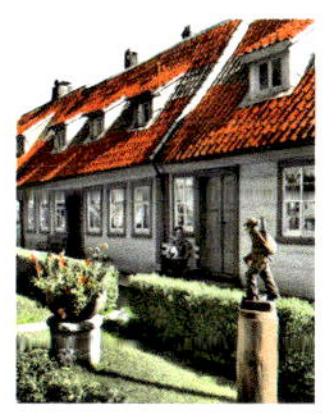
Bergstadt St. Andreasberg, Schützenstraße

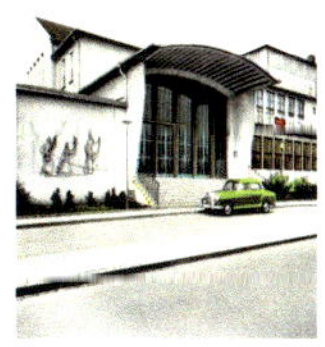
Zweibrücken, Festhalle, Saarlandstraße 1

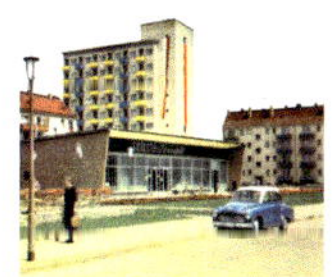
Frankfurt / Oder, Kleine Oderstraße

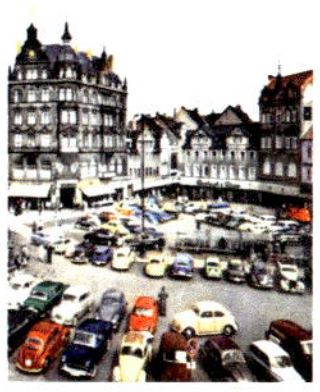
Braunschweig, Kohlmarkt

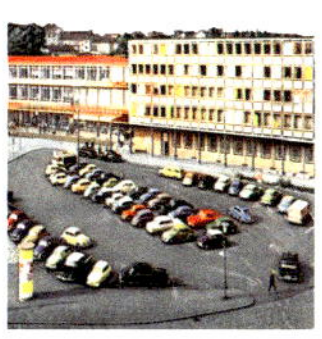
Kassel, Hauptbahnhof

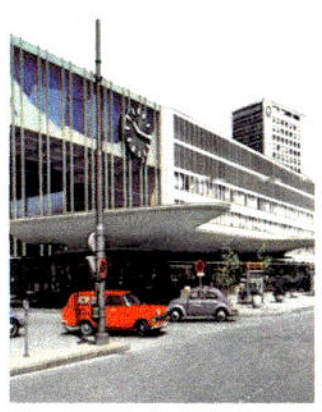
München, Hauptbahnhof

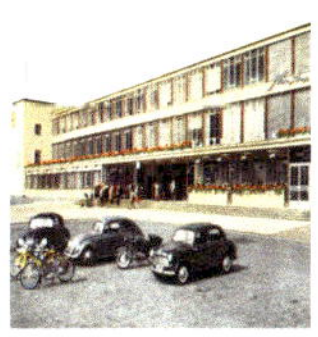
Kassel, Hauptbahnhof

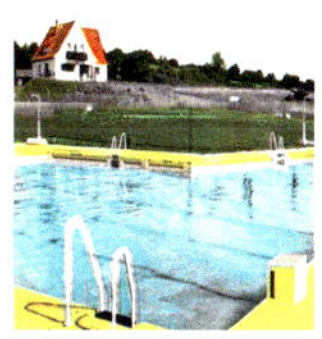
Hochwaldhausen, Gasthaus Zur schönen Aussicht

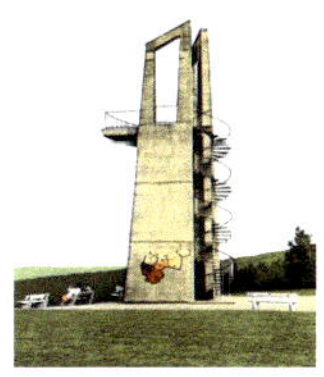
Bodesruh, Mahnmal

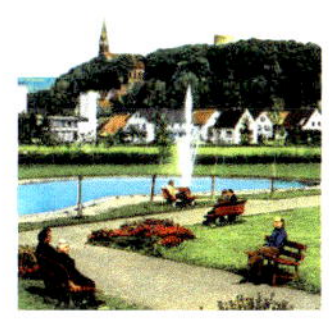
Schwefelbad Bad Abbach, Kurpark mit Rheuma-Krankenhaus

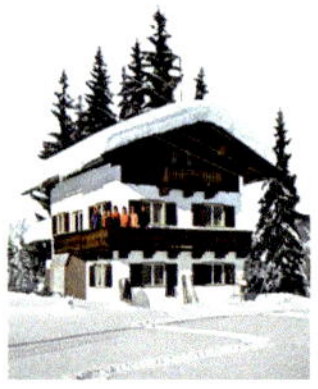

Fieberbrunn, Haus Waldeck

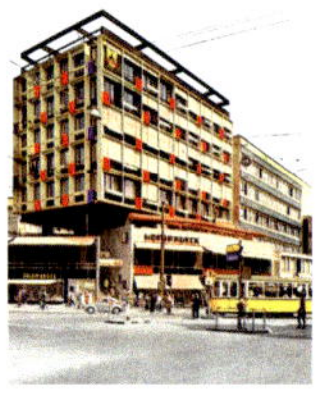

Stuttgart, Am Hofbräueck

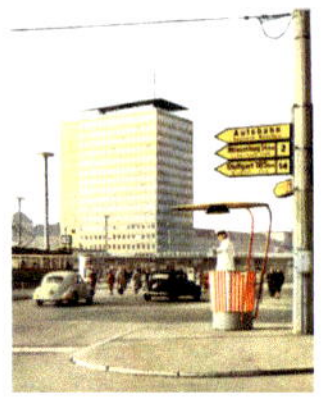

Nürnberg, Hochhaus am Plärrer

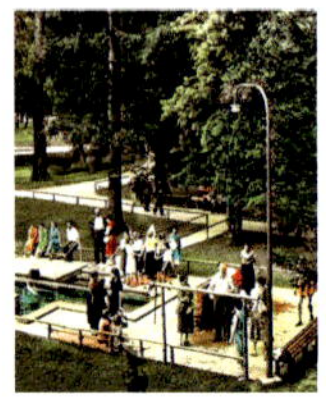

Kneipp-Heilbad Wörishofen, Wassertretplatz im Kurpark

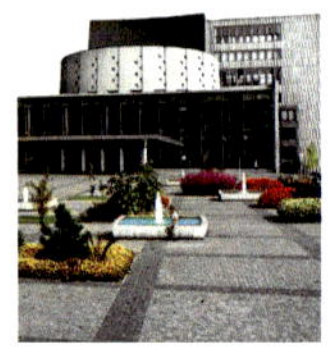

Kassel, Staatstheater

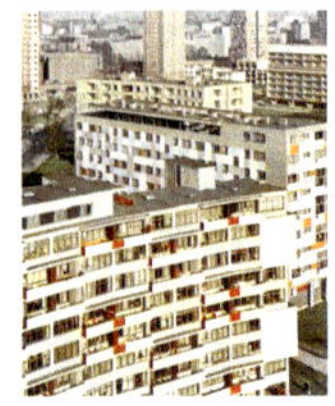

Berlin, Hansaviertel

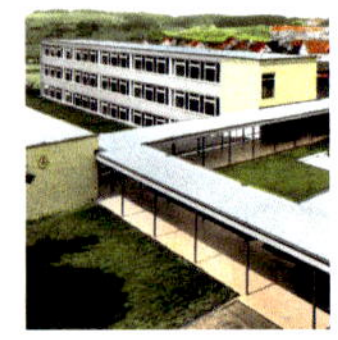

Stetten, Volksschule

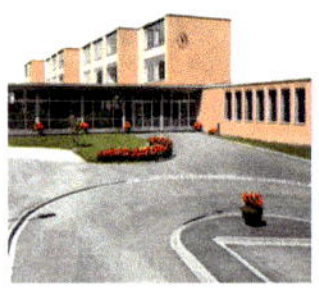

Waldkappel, Mittelpunkt-Schule

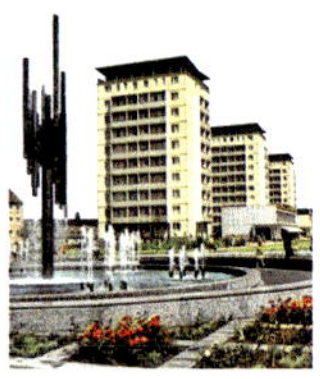

Halle / Saale, Chemiebrunnen in der Leninallee

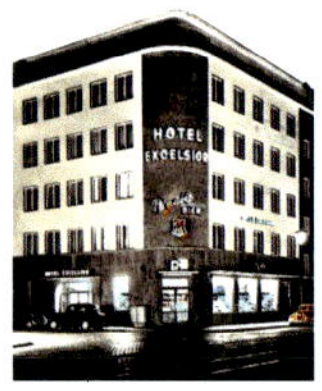

Düsseldorf, Hotel Excelsior, Ecke Kaiser-Kapellstraße / Am Messegelände 70

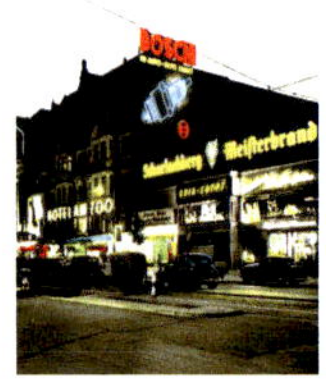

Berlin, Kurfürstendamm bei Nacht

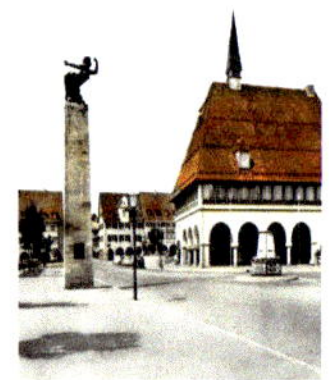

Freudenstadt, Stadthaus mit Wiederaufbaudenkmal

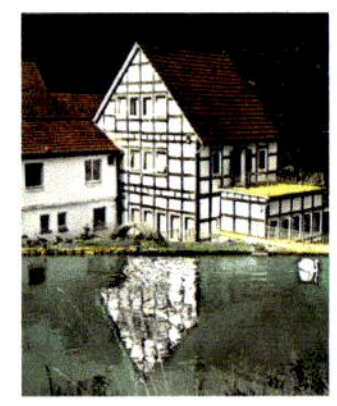

Neuenkirchen, Hotel-Restaurant Winterscheider Mühle

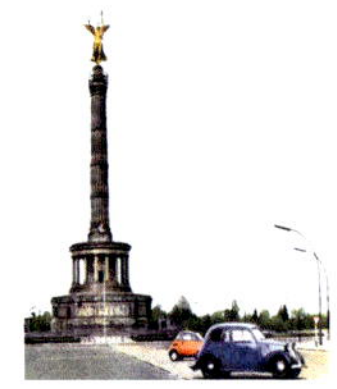

Berlin, Siegessäule

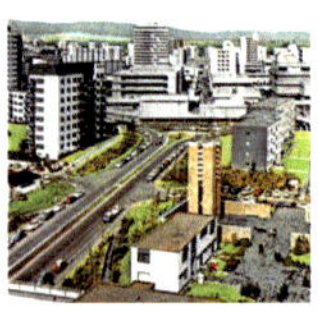

Frankfurt / Main, Nordwest-Stadt, Blick auf das Einkaufszentrum

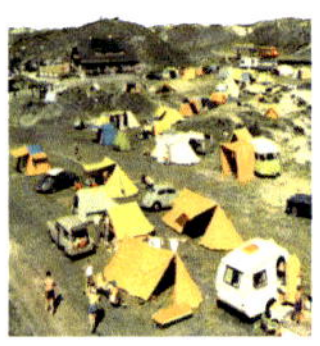

Norderney, Camping „Um Ost"

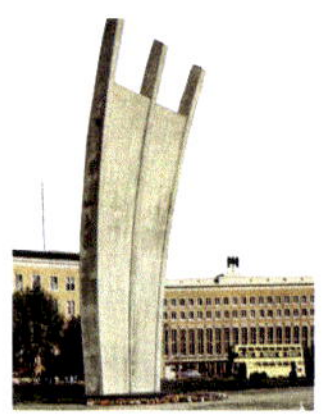

Berlin, Platz der Luftbrücke mit Luftbrückendenkmal

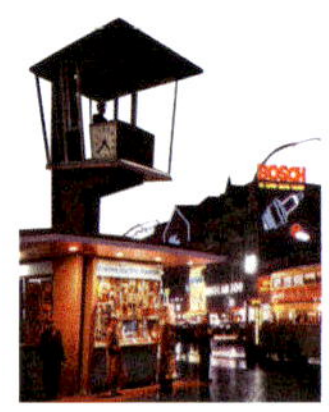

Berlin, Kurfürstendamm Ecke Joachimstaler Straße

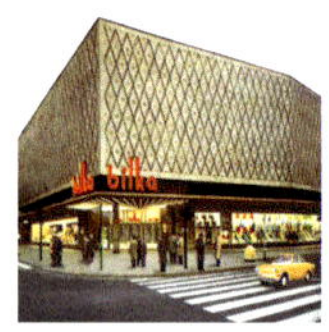

Berlin, Bilka am Zoo

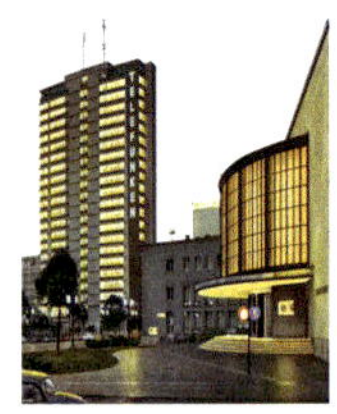

Berlin, Schillertheater

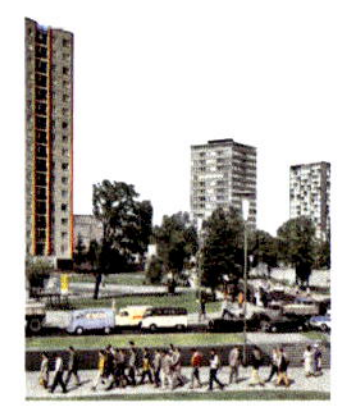

Berlin, Hochhäuser im Hansaviertel

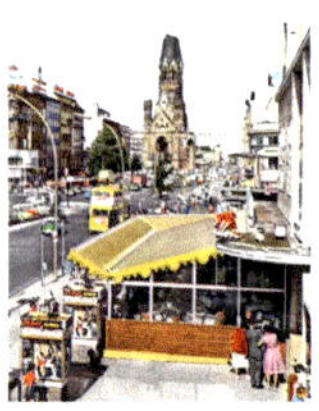

Berlin, Kurfürstendamm

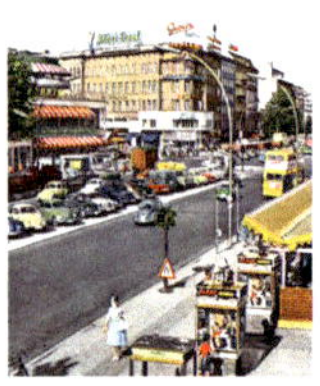

Berlin, Kurfürstendamm

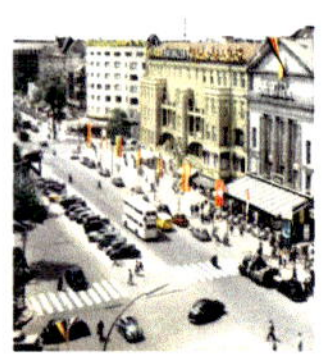

Berlin, Kurfürstendamm

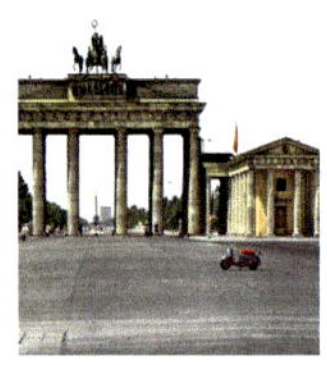

Berlin, Brandenburger Tor

STEFAN HUNSTEIN

„SCHÖN WAR'S!"

The Early Years of the Republic

Public self-perception and private recollection

The images assembled here are full of the optimism and self-confidence of the new life that began after the horrors, the crimes, the destruction of the war. Their theme is the dawn of a new era, progress, the pride taken in a job well done, and the promise of the future. "Schön war's!—It was lovely," somebody seems to shout, because lovely it's got to be, the new era, and everybody had to see it. The modest happiness of a semi-detached home, a vacation in the Harz Mountains or on the Baltic, camping and strolls in the park, recreation, the luxury of a swimming pool. Signs of prosperity everywhere: consumerism in full swing with its heavily laden shelves and self-service; mobility in the form of cars and motor-scooters; modernity in architecture both outside and in; Germany's economic miracle with its rebuilt cities, high-rise blocks, streets, bridges, schools, swimming baths, and green areas full of flowers.

The images are historical documents and works of art rolled into one; documents because they were taken from picture postcards of the nineteen-fifties and early sixties, and works of art because Stefan Hunstein selected and sorted them, and then reworked them by recomposing, condensing, and modifying them. Yet what they still convey is the mood, the values, the fantasies, the dreams, and the yearnings of the society that crawled out of the rubble after World War II. In today's viewers, they evoke both emotions and recollections: memories of childhood and of experiences either shared or at least recognized, as well as the individual stories that each and every one of us carries around in our own head.

Stefan Hunstein often works with historical photographs, he went looking for them in archives, at flea-markets and fairs, auctions and yard sales, patiently hunting them down with all the obsessive doggedness of a true collector, "always on the lookout for the ultimate picture."[1] And so amassed a vast archive which he was then able to draw on for his work as an artist. Being able to select from such a surfeit of material, he was able to transform historical testimony into contemporary art. He worked by photographing each image and then modifying the composition—not without respect for the original—by changing the perspective, blowing it up, or reducing it to just part of a larger whole. Reduction and formal standardization—by jettisoning the sky, or switching from landscape to portrait format, for example—gradually gave rise to a coherent series in which the original coloration is clearly visible. What emerges is a "colored-in" world in which there is not so much as a hint of tristesse; an intact world whose traumata are hidden from view.

If the postcard, enlarged to 120 x 85 cm. and displayed as C-prints behind glass, looks like a panel painting, it is not just because of its dimensions, but also due to its painterly character. The works in smaller format (29.7 x 42 cm.), printed as a digital print on Hahnemühle paper combine to create a tableau which, installed on a wall, might be read as the sum of all public self-perception in the early years of the Republic.

The state of the nation

"Looking at a photograph, I am at the same time looking through a window at a different time so that what was becomes what is, the past becomes present."[2]
The treated images recall a period of German history that has been irretrievably lost: the age of the patriarchal Adenauer and Chancellor Ludwig Erhard, whose industriousness and belief in prosperity and what Rüdiger Safranski has called their "faith in small things and short distances" are translated into the present. The image that emerges is that of a thriving Republic, humming with activity. The difference between the photographs of cities flattened during the war—of bombed-out Berlin, Frankfurt, Dresden, and Cologne—taken just a few years earlier could scarcely be greater.
Fascism is over, as is the immediate aftermath in which Germany was little more than a wasteland, a political and economic free-for-all in which people's lives were shaped by the daily fight for survival, by hunger, homelessness, disease, and the search for lost loved-ones. By 1951–52, however, the economy was no longer languishing and the US-sponsored restoration of capitalism—at least in the western part of Germany—was already bearing fruit. This was the beginning of what was to be a long period of rapid growth with full employment, higher disposable incomes, and more consumption; this was the great age of consumer durables, of televisions, refrigerators, washing machines, mass motorization, pedestrian zones, the five-day week, three weeks' paid leave, recreation, vacation—"prosperity for all" and what Helmut Schelsky has called the happiness of living in a "leveled-up middle-class society." The traumatic events of the war have been removed from the radar screen, even as anti-Semitism is beginning to rear its ugly head again and high-ranking Nazis are being expeditiously reintegrated. The images of those days show the world as it should be. Both the inglorious past and contemporary critique ("capitalist alienation") have been carefully excised, and when they do make their presence felt, as in the shots of the inner-German border (p. 43), they are subsumed in the all-pervading idyll. One of the few exceptions is the shot of the divided city of Berlin taken at the crossing on Heinrich-Heine-Strasse (p. 41), another the oblique allusion to the presence of expellees in Estate in St. Andreasberg (p. 91). Only five pictures are based on postcards from East Germany. In terms of intent, however, they are not different to those from the West: The new car and new architecture were no less an aspiration in Frankfurt / Oder (p. 93) than in Zweibrücken in Saarland (p. 92).
Some of the other views which Stefan Hunstein chanced upon were found to be unsuitable—whether because of their dreariness, their lack of narrative elements, or because they were shot in black and white.

Work on German history

Born in Kassel in the late nineteen-fifties, Stefan Hunstein has always been interested in twentieth-century German history. Many of his works, which can now be seen in such world-class museums as the Fotomuseum München, the Städtische Galerie im Lenbachhaus, the Neue Galerie Kassel, Diözesanmuseum Freising, and Hamburger Kunsthalle, are about remembrance and collective memory, about mentality and the evolution of myth, about suppression and manipulation.

The period of Nazi rule is a key theme of his oeuvre. This can be traced back to the shock of reading the autobiography of Rudolf Höss, the first commandant of Auschwitz, in preparation for his role as interrogator Leo Chass in Heinar Kipphardt's drama *Bruder Eichmann.* "That experience gave rise to two different preoccupations: one a work of art that explores photography as a medium and another a work that grapples with language and the stories handed down to us by history."[3]

Hunstein uses language and images as media of understanding, enlightening, and educating. He examines texts which tell us about the inner world of those who were implicated, whether as victims or as perpetrators, during Nazi rule. In *Die Sprache bringt es an den Tag* [Language Shall Bring it to Light], he sets out, "with the help of photography to find something out about this period."[4] He combines both mediums when, sitting in a room which he himself has packed full of images "showing the abundance of the times in which all suffering and all actions unceasingly revolve," he reads—reads that language may shed light on the image and that the image may make the language more comprehensible—as in the installation *Die Herrschaft des Apparates – Für eine Philosophie der Fotografie* [The Rule of the Camera. For a Philosophy of Photography] (1994–95).

Whether it is reportage, portraiture, art photography or advertising, private photos from family albums, or public photos from newspapers and magazines—almost every type of photography can be found here in Hunstein's portrait of an era. His works are therefore more than just a reflection on history; they are also a reflection on photography as a historical source. His *Panorama des 20. Jahrhunderts* [Panorama of the Twentieth Century] (2002) comprises twenty-thousand pictures displayed on a wall that is two-and-a-half meters high and eighty-eight meters long (!) with two large mirrors at each end to multiply the images ad infinitum—as if this gigantic arsenal could capture our cultural memory in its entirety, as if totality were possible, and the universe of images one and the same with "the world."

Hunstein believes that people need to be taught how to see and make sense of the past: "We need a school to help us decode pictures and detect meaning."[5] He himself uses modification and mystification as eye-openers and conceals in order to decode—the vigilance of vision! There is a work called *Nationalgalerie* (1998) and another called *Die Augen der Attentäter* [The Perpetrators' Eyes] (2006) containing historical photographs blown up and blurred beyond recognition. What is truth, what propaganda? What is documentation, invention, deception, lies? In the series *"Wen Gott lieb hat, lässt er fallen ins Berchtesgad'ner Land" / Vom Obersalzberg (Berghof) im August 1939* [He Whom God Loves, God Sends to the Berchtesgadener Land / From the Obersalzberg (Berghof) in August 1939] (1994), it gradually dawns on the viewer that what from a distance—because of its schemata and scintillating particles of color—looks almost like pointillist painting, is in fact a portrait of the Führer. It is the Führer in private, unmindful of being observed, at one with nature, and presented so as to arouse confidence. The original obscures the historical reality behind it, meaning the invasion of Poland which at the time this photograph was taken was already unstoppable.

To the extent that Hunstein scrutinizes the strategies by which the Fascists seduced and manipulated the masses and uncovers the picture-in-a-picture, his works become a "school for seeing and for doubting."[6] The cycle called *Gesten* [Gestures] (2007) is also built on historical photographs of what are ostensibly idyllic scenes: Hitler being friendly to children, an image often used for propaganda. By concentrating on the Führer's hands touching the children, Hunstein strips the pictures of the innocence they were masquerading and exposes the abuse and violence underlying them. "The reality which photography purports to show in ever new variations is a lie. It claims to be real, and in doing so betrays the real," wrote Stefan Hunstein in his *Erstes fotografisches Manifest* of 1991.[7]

Photography and social memory

Now that the generation of those who witnessed the greatest crime in the history of humanity is dying out and living memory is under threat, numerous artists, being aware of the importance of securing evidence, have turned to the theme of remembrance. "Master of Remembrance" Christian Boltanski, born in Paris in 1944, whom Werner Spies once dubbed "the history painter of our benighted age," and who in his "merciless inventories" of nameless people publicizes the Holocaust, the amnesia, the death, and the mourning, making those who are absent or who have disappeared a present reality, was an important influence on Hunstein. Other artists, too, have used the "remnants" and "dumb" witnesses of everyday objects and situations to bring history back to life. Hans-Peter Feldmann, for example, pieced together his *Bilderfundus* (1977) from photographs from magazines, advertisements, postcards, posters, and private albums, while Katharina Sieverding enlarges press photos of "historical moments" into monstrously oversized images, as in *Schlachtfeld Deutschland (Kontinentalkern XI),* [Battlefield Germany (Continental Core XI)] (1978).

"Schön war's!" is Stefan Hunstein's first venture into the history of the postwar years and for it he chose a mass medium that has been popular since the early twentieth century. Picture postcards are public pictures; they are not private snapshots. They are there to please and cry out for identification. This was the premise on which the photographer selected the motifs, the manufacturer and seller decided how many to reproduce and sell, and the consumers who wrote them applied on behalf of their addressees, who would, or so they hoped, take such delight in these pictures that they might even keep them or pin them to the wall. In terms of intent, therefore, the picture postcard accords with the cultural studies definition of the "monument:"

It speaks directly to the viewer and is put on display both for the present age and for posterity. Like photography in general, however, the picture postcard is not merely a reproduction of reality; what it shows is not reality as it is seen, but as it is imagined; as Vilém Flusser argued in his highly acclaimed work *For a Philosophy of Photography,* it is not a mirror image, but an interpretation. All of which naturally begs the question "[Are] the photographic universe and the world out there ... one and the same?"[8] The pictures as presented by Stefan Hunstein preserve the symptoms and symbols of a particular period in history, both the "real" and the "imagined." It bears witness to the material and intellectual culture of a country, providing us with a mental map not just of a society, but of a zeitgeist—all the more so when its message is idealized and stylized in both text and image: "Surprisingly lovely here."—"Lovely here."—"It was lovely!"

An aesthetic pleasure

Stefan Hunstein's cycle is not just a historical source, but a source of aesthetic pleasure as well. How many of these pictures are remarkable for their composition or their modernity, are attractively colored—using stencils the old-fashioned way and resorting to the brush only when more fluid transitions are needed. The rigorous geometry of the facades, the many different typographies, the light and shade, the reflections—it is all so painterly! There is so much to discover here, and even just looking is a delight extending far beyond the satisfaction of recognizing something long forgotten, far beyond that pleasant twinge of nostalgia. It is the appropriation of one's own biography through the medium of art. Hunstein has accomplished what he himself most wanted, inasmuch as he has opened the "photographic image so wide that it becomes a projection screen for the viewer," whereupon "viewer and image merge together" and become one. How "lovely" was that era really? What about all the privations and shortages, the "inability to mourn," and even the way the country was carved in two? If the era seems "lovely" to us today then could it be because back then everything seemed possible and open-ended, and because a magic dwells in each beginning of the dream of a better world yet to come? These "public photographs," "models for ... experience, knowledge, judgment, and actions"[9]—are the strongly recommended sequel to the "private reading!"[10]

Petra Giloy-Hirtz

1 Stefan Hunstein talking to the author in June 2009.
2 Stefan Hunstein in Barbara Fischer, *Stefan Hunstein,* in *Künstler. Kritisches Lexikon der Gegenwartskunst,* 85, 2009, p. 9.
3 Stefan Hunstein, *Die Sprache bringt es an den Tag. Künstlerrede bei der Künstlerischen Akademie in der ehemaligen Allerheiligen Hofkirche* (Munich, 2005), p. 19.
4 Ibid., p. 22.
5 Ibid., p. 33.
6 Albert Ostermaier, *Stefan Hunstein. Gesten,* exh. cat. Kunstverein Augsburg, 2007, s. p.
7 Printed in *Stefan Hunstein. Fotoarbeiten,* exh. cat. Städtische Galerie im Lenbachhaus, Munich, Neue Galerie Kassel, Badischer Kunstverein, Karlsruhe (Munich, 1995), p. 34.
8 Vilém Flusser, *Für eine Philosophie der Fotografie,* 1983, 7th ed. (Göttingen, 1994), p. 41.
9 Ibid., p. 45.
10 "The reading of public photographs is always, at bottom, a private reading." Roland Barthes, *Camera Lucida. Reflections on Photography* (New York, 1981), p. XX.

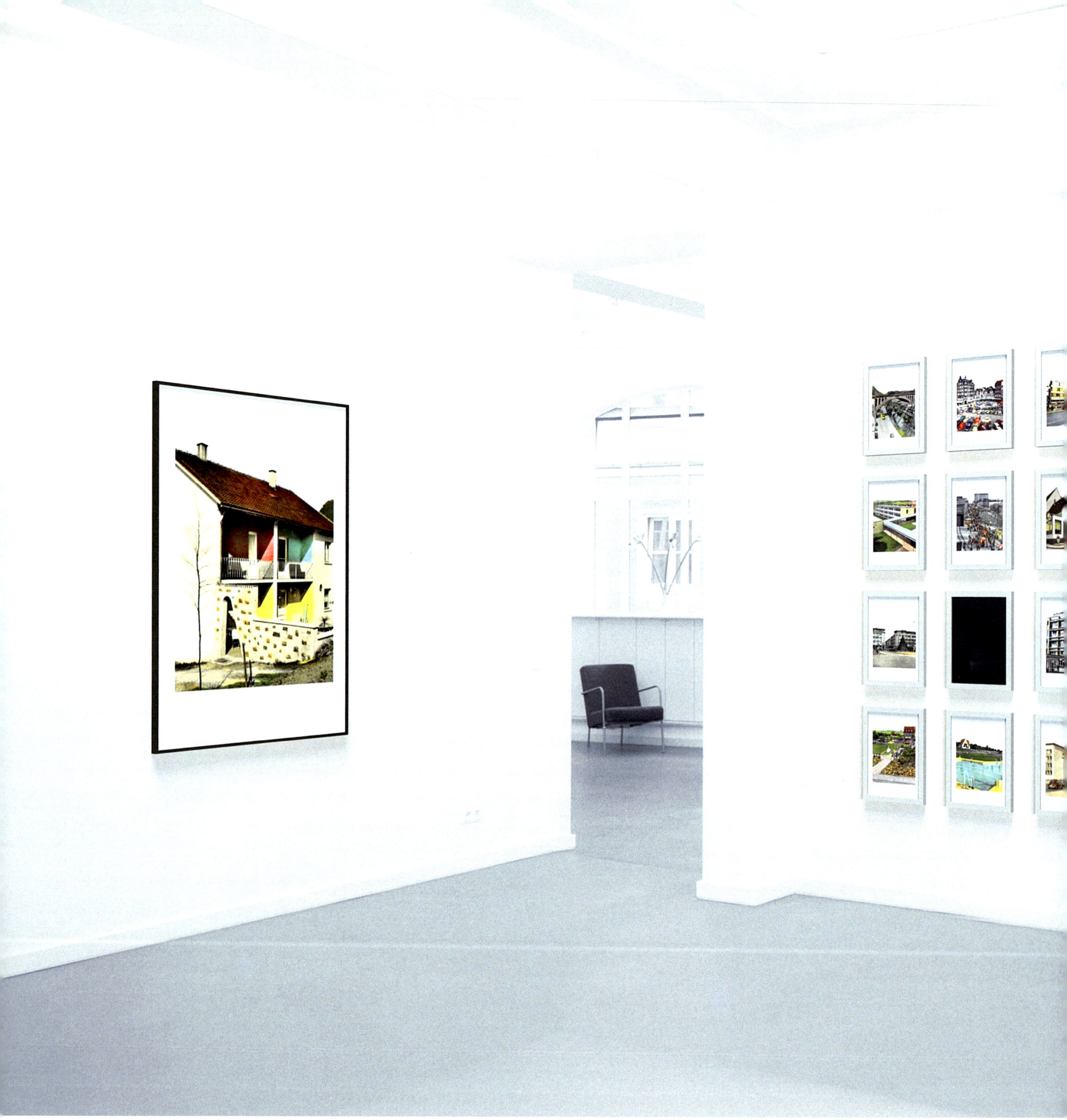

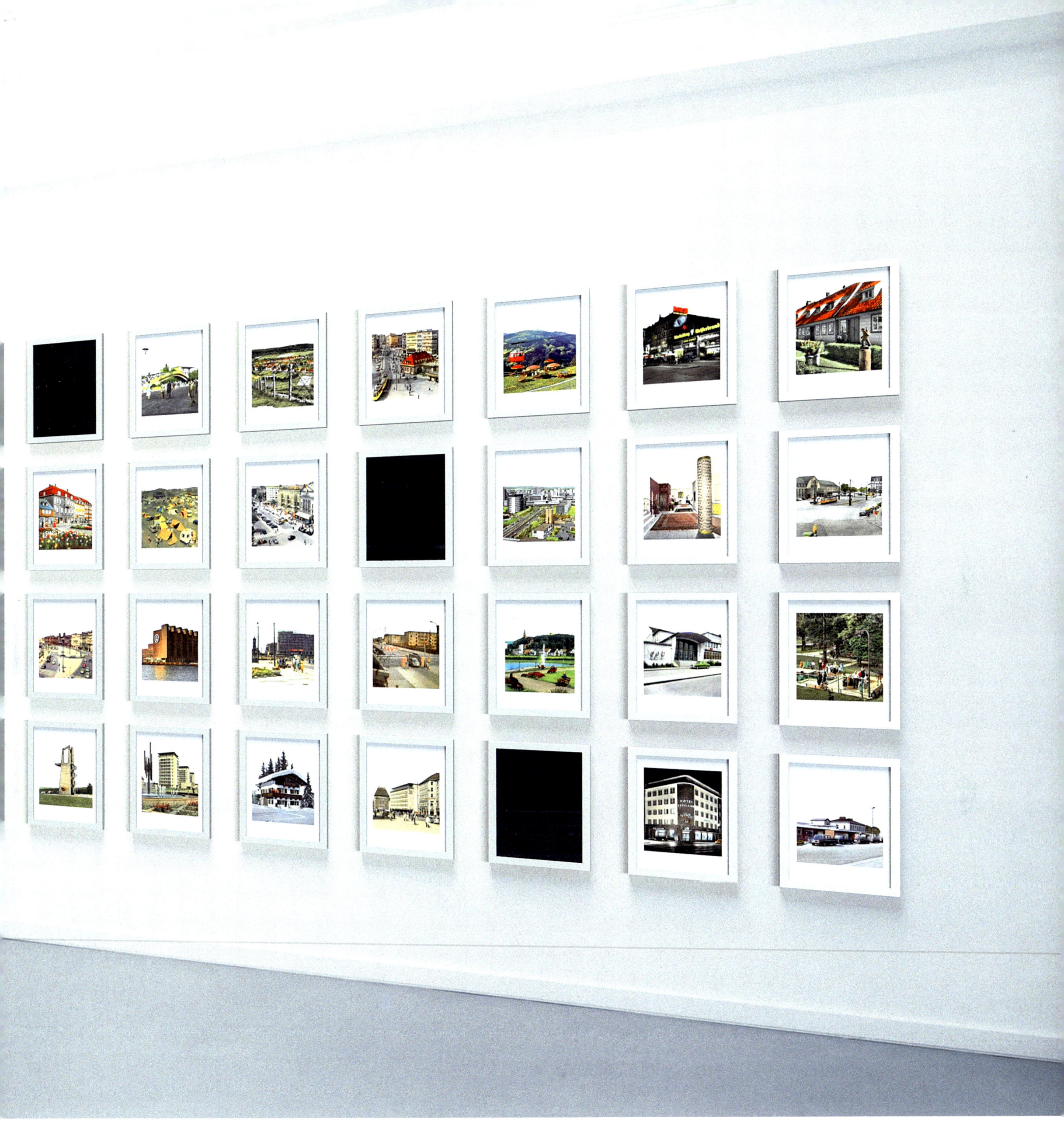

„Schön war's!" Installation in der Galerie Andreas Binder, München, 2009

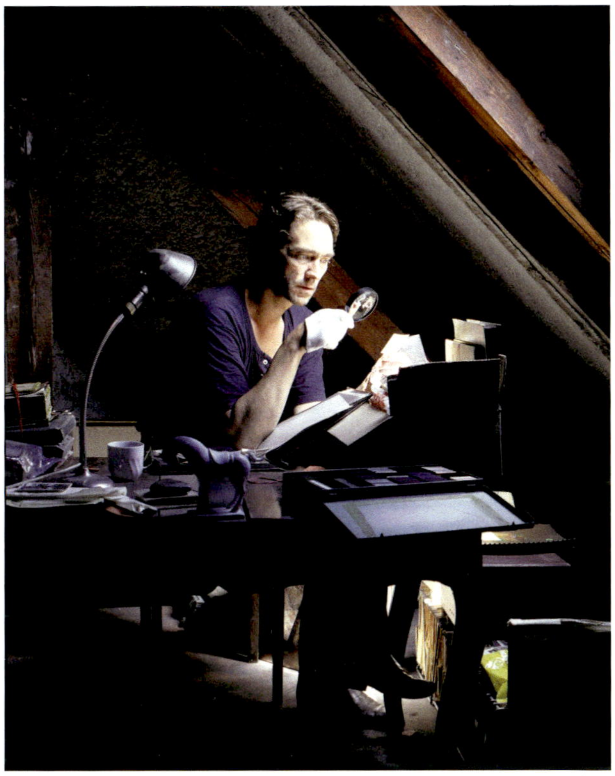

STEFAN HUNSTEIN

Stefan Hunstein wurde 1957 in Kassel geboren. Seit 1977 arbeitet er mit Fotografie, von 1979 bis 1982 studierte er an der Hochschule für Musik und darstellende Kunst in Stuttgart. Im Jahr 1991 erhielt er den Deutschen Photopreis. Stefan Hunstein ist Mitglied der Akademie der Schönen Künste in München.
Er lebt und arbeitet in München.

Stefan Hunstein was born in Kassel in 1957. Since 1977 he works with photographs, he studied at the Hochschule für Musik und darstellende Kunst in Stuttgart from 1979 to 1982. In 1991 he was awardee of the Deutsche Photopreis. Stefan Hunstein is member of the Akademie der Schönen Künste in Munich.
He lives and works in Munich.

EINZELAUSSTELLUNGEN
SOLO EXHIBITIONS

1991 *Schatten der Erinnerung,* Kunstraum die halle, Bochum
Zwang, Paranoia, Perversion, QUADR'ART, Mannheim
1993 Galerie Peter Kilchmann, Zürich
Galerie Mosel und Tschechow, München
Art Cologne, Förderkoje bei Mosel und Tschechow
1994 *Die Herrschaft des Apparates – Für eine Philosophie der Fotografie,* Kunstverein München
1995 *Die Herrschaft des Apparates,* Badischer Kunstverein Karlsruhe
„Wen Gott lieb hat, lässt er fallen, ins Berchtesgad'ner Land" / Vom Obersalzberg (Berghof), im August '39, Städtische Galerie im Lenbachhaus, München
1996 *„Wen Gott lieb hat, lässt er fallen, ins Berchtesgad'ner Land" / Vom Obersalzberg (Berghof), im August '39,* Neue Galerie Kassel
Der Mann im Feld, Galerie Mosel und Tschechow, München
Morgen früh, wenn Gott will, wirst Du wieder geweckt, Badischer Kunstverein Karlsruhe
1997 Kulturpalast, Warschau
1998 *Fotoarbeiten,* KunstRaum Hinrichs, Trier
1999 *12 Portraits,* Galerie Mosel und Tschechow, München
2000 *Blondi,* Kulturwerkstatt Kloster Fürstenfeld, Fürstenfeldbruck
12 Portraits, Installation, St. Bonifaz, Erzdiözese München
2001 *Räume und 12 Portraits*, KunstRaum Hinrichs, Trier
Ohne Namen, ohne Titel, Alte Brüderkirche, Kassel
2002 *Nationalgalerie*, Stadthaus Ulm
Panorama des 20. Jahrhunderts, Maximiliansforum, München
Räume, Galerie Mosel und Tschechow, München
Die Sprache bringt es an den Tag, Theater im Haus der Kunst, München
2004 *Bruchstück,* Installation, St. Lukas, Artionale, München
2005 *Scanner,* Installation, Allerheiligen Hofkirche, München
Perspektiven, Installation, St. Paul, München
Aus den Archiven – zwischen Traum und Bewußtsein, Goetheinstitut Prag
2006 *Sind Bilder Erinnerung? Wer träumt, wenn ich träume?,* Kunsthistorisches Institut, Bonn
2007 *Das Land ist immer noch unheimlich,* Kunstverein Augsburg (Holbeinhaus)
„Schön war's!", Siemens, München
2008 *„Gegenwart ...!",* Installation, Diözesanmuseum Freising
2009 *Neue Arbeiten*, Galerie Andreas Binder, München
Pool, Installation, TaylorWessing, München
„Schön war's!" (komplett), Allgemeiner Konsumverein, Braunschweig
2010 *Neue Arbeiten*, Galerie Andreas Binder, München

GRUPPENAUSSTELLUNGEN
GROUP EXHIBITIONS

1979 Kasseler Kunstverein
1980 Kasseler Kunstverein
1989 Bochumer Fotoherbst
1990 Bochumer Fotoherbst
1991 Deutscher Photopreis (Preisträger / Awardee), Stuttgart
1993 *Emigration,* Galerie Mosel und Tschechow, München
1994 *Der große Guckkasten,* Paszti – Bott Galerie, Köln
Rendezvous der Freunde, Galerie Mosel und Tschechow, München
1995 *Privat*, Fotomuseum im Münchner Stadtmuseum, München
Dem Herkules zu Füßen, Fridericianum, Kassel
1996 *Von hier,* Galerie Wittenbrink, München
Das Schweigen im Walde, Kunsthaus Kaufbeuern
DADAMünchen, Galerie Mosel und Tschechow, München
1997 *Alpenblick,* Kunsthalle Wien
1998 *Vorschläge für Berlin,* Deutscher Bundestag, Berlin
PHOTOKONZEPT, Sonderausstellung Buchmesse Frankfurt
2001 *Der Reiz des Privaten,* Symposion über Fotografie, Gasteig, München
Bilder zur grauen Saison, Artothek München
2004 *Back to Kassel – Fotografie,* Kasseler Kunstverein
Poesie, Galerie Mosel und Tschechow, München
2005 *Prag, 27. Mai 1942, 10.35 Uhr,* Deutsches Technikmuseum Berlin
2006 *Der Souvenir und seine Orte,* Museum für angewandte Kunst, Frankfurt
2007 *„Schön war's!"*, Städtische Galerie Traunstein
2009 *Man Son 1969 – Vom Schrecken der Situation,* Hamburger Kunsthalle
Pictures of Pictures, Galerie Andreas Binder, München
Belief unlimited, Plattform 3 / Theatinerkirche, München
2010 *Man Son 1969 – Vom Schrecken der Situation,* Villa Merkel, Esslingen
surf & anarchie & alchemie, Villa Merkel, Esslingen

SAMMLUNGEN
COLLECTIONS

Sammlung des Deutschen Bundes
Städtische Galerie im Lenbachhaus, München
Roland Berger Art Collection
Sammlung Pinakothek der Moderne, München

BIBLIOGRAFIE
BIBLIOGRAPHY

Auswahl / Selection

1991 2. Deutscher Photopreis, Ausst.-Kat. / exh. cat. Stuttgart
Schatten der Erinnerung, Ausst.-Kat. / exh. cat. Kunstraum die halle, Bochum

1993 Reviews to Stefan Hunstein, in: *Forum International,* 17, March–April

1995 *Stefan Hunstein. Fotoarbeiten,* Ausst.-Kat. / exh. cat. Galerie Mosel und Tschechow, München
Dem Herkules zu Füßen, Ausst.-Kat. / exh. cat. Fridericianum Kassel
„Die Aura des Privaten", in: *Privat,* Ausst.-Kat. / exh. cat. Fotomuseum im Stadtmuseum München
„Stefan Hunstein", in: *Kunstforum International,* 132
„Geschichte en detail", in: *Neue Bildende Kunst,* 6
The Pleasures of Merely Cirulating, Ausst.-Kat. / exh. cat. Memory / Cage Editions, Zürich

1996 *Das Schweigen im Walde,* Ausst.-Kat. / exh. cat. Kunsthaus Kaufbeuren

1997 „Eine Ansammlung von Viren", in: *Alpenblick,* Ausst.-Kat. / exh. cat. Kunsthalle Wien

2001 *Stefan Hunstein, 12 Portraits,* Ausst.-Kat. / exh. cat. Galerie Mosel und Tschechow, München

2002 *Stefan Hunstein. Nationalgalerie,* Ausst.-Kat. / exh. cat. Galerie Mosel und Tschechow, München

2004 *UNSCHÄRFE,* Ausst.-Kat. / exh. cat. Artionale 2004, München

2008 *Stefan Hunstein, „Gegenwart…!",* Ausst.-Kat. / exh. cat. Diözesanmuseum, Freising

2009 *Man Son 69 – Vom Schrecken der Situation,* Ausst.-Kat. / exh. cat. Hamburger Kunsthalle
Barbara Fischer, *Stefan Hunstein,* in: *Künstler. Kritisches Lexikon der Gegenwartskunst,* Ausgabe 85
Petra Giloy-Hirtz (Hrsg.), *Stefan Hunstein. „Schön war's!" – Aus den frühen Jahren der Republik,* Ostfildern

Herausgeberin / Editor
Petra Giloy-Hirtz

Verlagslektorat / Copyediting
Karin Osbahr

Übersetzungen / Translations
Bronwen Saunders

Grafische Gestaltung und Satz / Graphic design and typesetting
bueroschmid . Christian Schmid

Verlagsherstellung / Production
Christine Emter

Reproduktionen / Reproductions
bueroschmid

Druck / Printing
Dr. Cantz'sche Druckerei, Ostfildern

Papier / Paper
Galaxi Supermat 170 g/m²

Buchbinderei / Binding
Conzella Verlagsbuchbinderei, Urban Meister, Aschheim-Dornach

Mein besonderer Dank geht an Christian Schmid, der die Idee zu diesem Buch hatte, an Taylor Wessing für die großzügige Unterstützung und an meinen Vater, Heinz Hunstein.

Porträt Stefan Hunstein, S. 147
Wilfried Petzi

Courtesy Galerie Andreas Binder, München

Erschienen im / Published by
Hatje Cantz Verlag
Zeppelinstraße 32
73760 Ostfildern
Deutschland / Germany
Tel. +49 711 4405-200
Fax +49 711 4405-220
www.hatjecantz.com

Hatje Cantz books are available internationally at selected bookstores. For more information about our distribution partners, please visit our homepage at www.hatjecantz.com.

ISBN 978-3-7757-2543-9

Printed in Germany